明代社会日常生活

【全新插图本】

伊永文 著

中国工人出版社

目录

衣

平民穿起了超越他们身分的服装，他们在以服饰挑战自己在阶级社会中的无名地位。

——［加］卜正民（Timothy Brook）《纵乐的困惑》

明李士达《三驼图 》

平民衣着

从西方人眼界中找到对明代平民百姓服装的印象，并与之对比，这倒是很有意思的。意大利的利玛窦（Matteo Ricci）在其《中国札记》里这样说：

男女都穿拖到脚面的外衣。男人的袍子在胸前交叠起来，用扣子把里褶固定在左臂下面，外褶则固定在右臂下面。女人是把袍子在前面扣住。

葡萄牙的加斯帕·达·克路士（Gaspar da Cruz）在《中国志》中也是这样描述明代人服装的：

他们普通的服装是长袍。……

他们平时穿黑布袍。……

官店
紗羅段絹

佚名《皇都积胜图卷》局部

> 穷人一般穿白布袍，因为价钱便宜些。

如果将这两位西方人的观察视角结合明代的史籍，则会收到互相证明之妙。如《万历新昌县志》记其县“小民俭啬，惟粗布白衣而已。至无丧亦服孝衣帽，盈巷满街，即帽铺亦惟制白巾帽，绝不见有青色者，人皆买之”“为其价廉而便益也”。这一叙述与克路士《中国志》的记载一致。

利玛窦所说的明代男女：都穿拖到脚面的外衣，实则即明代的“直身”或称“直掇”，类似于道士所穿的道袍，明代无论男女老少皆穿。这是因为早在明初，朱元璋就做出规定：青布“直身”为庶民日常着装。《万历新昌县志》记载：“成化以前，平民不论贫富，皆遵国制，顶平定巾，衣青直身。”这在许多明代的绘画中也可以得到印证：

如佚名《皇都积胜图》中前门五牌楼到天安门一带的各阶层人物的穿着，再如佚名《明宪宗元宵行乐图》中杂剧艺人的长服，又如佚名《南都繁会图卷》中各类人物所着的衣式，还有台北观想艺术中心徐正夫收藏的《上元灯彩图》中男女所穿的大袍等。

但是，在另外一些明代的绘画如《墨谱》中，我们看到的劳动人民则多为短衣打扮，男子大多赤裸上身或上身只穿一布背心，一交领窄袖短衫，下着过膝长的短裤或长裤，像《水浒传》中的阮小五“披着一领旧布衫”“匾扎起裤子，上面围着一条间道棋子布手巾”那样。

清初焦秉贞绘的《康熙耕织图》中女性的服装，则展示了沿袭晚明江南农家妇女的衣着式样：裹巾、粗裙、短衫，外束短围裙，或将裙裾束在腰带上的缚裙；大口裤、窄背子、腰多束带结巾、窄袖紧衣、挽袖裸臂……如《西游记》第五十四回“西梁女国”中的大众妇女之装，“都是长裙短袄”。

男女短衣装束，显然是出于劳作便利的考虑。而百姓服装的颜色，则是出于明政府的规定。明末，崇祯皇帝命其太子、王子易服青布棉袄、紫花布袷衣、白布裤、蓝布裙、白布袜、蓝布鞋，戴皂布巾，就是作平民装束，以便危险中混同百姓一样避难。

从此我们可以大致了解，明代平民服装的颜色主要为青、紫、蓝、白。如《乾隆河间县志》说本县明代农民的衣服“多青、蓝二色”；《嘉靖江阴县志》记本县贫老者“穿紫花布长衫”；《金瓶梅词话》第三十五回的市井小民白来创，“身穿着一件坏领

焦秉贞《耕织图》一

焦秉贞《耕织图》二

焦秉贞《耕织图》三
清焦秉贞《耕织图》画出明代民间制作服装全过程，极具文献价值

磨襟救火的硬浆白布衫”；顾起元《客座赘语》所说的“脚夫”，不仅身穿青布衫裤，而且手上搭的也是青布长手巾，等等。

平民百姓的服装原料也较为一致，即用棉布，如长短不拘的“衲衣”。明末《韩湘子全传》第十四回，退之讥讽韩湘子“穿一领破衲衣，遮前遮不得后，掩东掩不得西”，韩湘子则针锋相对，以一首《古衲歌》，回应了退之：

这衲头不中看，不是纱罗不是绢，不是绫绌不是缎。冬天穿上暖如棉，夏天穿着如掮扇。也不染，也不练，不用红花不用靛，功到自然成一变。线脚八万四千行，补丁六百七十片。不拆洗，不替换，不怕风吹雪扑面。烧不焦，浸不烂，不怕刀枪不怕箭。严霜骤雨总一般，风寒暑湿皆方便。

韩湘子所赞咏的“衲衣”，与《云间续志》的记录吻合：松江县织一布如衲，名“衲布”。“衲衣”可以理解成以这种“衲布”为原料而制成的棉布衣，为明代广大普通百姓穿着，就如明代小说《黄秀才徼灵玉马坠》中一老叟所穿的“百衲袄”那样。

“衲衣”的普及，其原因如嘉靖时松江人徐献忠在《布赋序》中所说：“农暇之时，所出布匹以万计，以织助耕。”棉纺业已作为农业主要的家庭副业出现，并卷入了商品经济浪潮之中，仅松江一地所产棉布品种即可见其一斑：木棉布、云布、丁娘子布、兼丝布、药斑布、三梭布、锦布、尤墩布、斜文布、标布、稀布、番布、浆纱布，等等。

以这些棉布与广州东山戴缙墓出土的大批本色棉布对比来看，明代百姓日常所用棉布不仅品种齐全，而且质地优良。如绫布已告别了厚重粗糙，转向了轻薄挺括，像天下闻名的“丁娘子布”，又名“飞花布”，这种棉布因松江东门外双庙桥的丁氏弹棉花极纯熟，花皆飞起，用以织布极为精软而得名。清初的大文豪朱彝尊就特意为“丁娘子布”赋诗道：

丁娘子，尔何人？织成细布光如银。舍人笥中刚一匹，赠我为衣御冬日。感君恋恋情莫逾，重之不异貂襜褕。携归量幅二尺

明黑地五彩云龙海水锦

阔，未数星纨与荃葛。晒却浑如飞瀑悬，看来只讶神云活。

由此不难想见明代百姓所用衣料的优良。

其实，何止于此？明代松江其他棉布在注重实用性的同时兼注艺术性，颇具水准。如花布，经纬蓝白相间，或棋局文，或骨骰文，或芦席文，或大井文，花色繁多。这样的棉布图案富于变化，做衣穿在身上自然舒适倍增。当然，这也是与服装裁缝密不可分的，陈铎所写《剪截铺》，虽是“滑稽余韵”面目，但却道出了“剪截”在服装制作中的关键作用：

仗分红劈绿为活，富客追寻，仕女穿着。一顿赊来，迁延偿

1956 年江苏出土松江布

价，零碎发脱。瓜丈尺轻纱细葛，配短长彩缎香罗，僎利不多。货卖因何，手里腾那，眼里差错。

自明中后期以来，平民百姓受社会上奢华风气的影响，竟也成了时装潮流的追逐者。生活于嘉靖、万历年间的浙江海宁人许敦俅，就在《敬所笔记》中感慨：在嘉靖时，大众化的衣服如男子的细简褶，女子的夹裙、绵裙等已不见了，而被柔软的绢纻所代替。平民男女穿着则如《万历沃史》记载的："男子冠巾丝履，女子珠翠金饰。"更有如《万历新编余姚县志》记述的浙江绍兴府平民的衣饰，已是"趋奇炫诡"，甚至"饰以王服"。

许多学者将这种平民力图通过服饰改变自己社会身份的举动称之为"世变"，可以说平民服饰的变革至明后期，已形成了一股持续不断、日新月异、愈演愈烈的波山浪谷。究其源，这种所谓"世变"，亦即百姓衣服的变化，是明朝中期商品经济兴旺发达的必然结果，是商品经济的发展，才使明代中后期平民百姓的衣着质地一流，服饰求异出新有了可能。

明代小说《蒋兴哥重会珍珠衫》就提供了这样一个场面：(三巧儿)"取出一件宝贝，叫做'珍珠衫'，递与陈大郎道：'这件衫儿，是蒋门祖传之物，暑天若穿了他，清凉透骨。此去天道渐热，正用得着。奴家把与你做个纪念。'"三巧儿送给陈大郎的"珍珠衫"，应是自家亲手缝制，大约是以类似于明宫中夏季所"满身活文，如水之波，如木之理"的真青油绿怀素纱或玉色素纱为原料，再缀上珍珠做成的，炎热时穿着自然感觉凉爽。

这种衣服确因珍珠而贵，但一般市民家也可拥有。而另一篇明代小说《苏知县罗衫再合》里有一位老婆婆，则用罗缎“男女衫各做一件，却是一般花样。女衫把与儿媳穿去了，男衫因打褶时被灯煤落下，烧了领上一个孔”。可见罗缎也已成为当时普通的衫褂原料。

相关文献

沈从文《中国古代服饰研究》(增订本)，上海书店出版社，1997 年。
黄能馥编著《中国服饰通史》，中国纺织出版社，2006 年。

严氏服装

人们常用“富可敌国”形容富豪的财力雄厚。如果单从服装着眼，将这句话冠于严嵩，那是再恰当不过了。可以说，凡是明代生产制作的任何一种布料、服装，在严氏之家均可寻见，甚至像皇帝穿着的高级服装。严氏拥有之服装，堪称明代独一无二的服装博物馆。我们不妨以观览求证：

一类是缎衣。所谓缎衣，是指缎的经或纬丝中，只有一种显露于织物表面，相邻的两根经丝或纬丝上的组织点均匀分布，但不相连，因此质地柔软，光亮平滑。严氏父子拥有的各种样式的缎衣，居各色服装之首。如大红妆花过肩蟒龙缎衣，大红织金蟒缎圆领，大红织金妆花斗牛缎衣，大红织金妆花仙鹤缎圆领，大红织金妆花孔雀缎衣，大红过肩云缎衣，青织

图一

图二

图一、图二二位美女所着金妆女衣，在严府不计其数

金妆花蟒龙缎衣，青织金妆花孔雀缎衣，绿织金妆花蟒缎衣，油绿过肩暗花蟒缎衣，蓝织金妆花斗牛缎衣，沉香妆花仙鹤缎衣，茄花色蟒缎衣，大红斗牛缎女衣，大红遍地金蟒缎女衣，绿织金妆花缎女衣，紫斗牛缎女衣等，计三百三十四件之多。

一类是绢衣。所谓绢衣，是平纹生丝织物，其质似缣而疏，挺括滑爽。严氏计有绢衣一百九十二件，主要有：大红织金蟒龙云绢衣，大红织金妆花斗牛绢衣，大红织金妆花锦鸡绢衣，大红妆花孔雀云绢衣，青妆花仙鹤云绢衣，青织金过肩蟒龙云绢衣，青妆花暗花孔雀绢衣，油绿暗花仙鹤孔雀绢衣，绿妆花斗牛绢衣，蓝蟒金胸背绢衣，蓝闪红过肩蟒绢衣，蓝闪绿麒麟云绢衣，蓝妆花锦鸡绢衣，沉香四串绢过肩蟒衣，大红锦鸡云绢女衣，大红过肩风云绢女衣，蓝织金妆花绢女衣等。

一类是罗衣。罗为质地轻薄，丝缕纤细，经丝互相绞缠后呈椒孔的丝织物，为皇家祭祀、换季常用品。如明代宫中每年“自三月初四至四月初三日穿罗”，“自九月初四日至十月初三日穿罗”，记载十分明确。严氏自然不甘落后，贮藏了众多的罗衣，诸如：大红织金妆花过肩蟒罗衣，大红织金妆花斗牛罗衣，大红妆花孔雀罗衣，青织金妆花蟒龙罗衣，绿妆花孔雀罗衣，蓝蟒罗衣，大红织金罗女衣，青妆花罗女衣等，多达一百四十五件。

一类是纱衣。纱是一种纤细、稀疏、方孔、轻盈的平纹丝织物，其孔眼均匀布满于织物表面，使纱格外轻柔透亮。据《酌中志》记载，内臣王体乾夏天穿着真青油绿色的怀素纱衣，内衬玉

陈奕禧《西游记图册》绘孙悟空大战二郎神，亦彰显明代服装色彩多样性

色素纱，“满身活文，如水之波，如木之理”；冬天则穿天青、竹绿、油绿怀素纱，光耀射目。一时宫中争相夸尚，以艳丽为美。

而严氏所拥有的纱衣比皇家则有过之而无不及，主要有：大红织金过肩蟒龙云纱衣，大红织金妆花斗牛云纱衣，大红织金妆花仙鹤云纱衣，大红妆花云鹭纱衣，大红妆花孔雀绉纱衣，青织金妆花暗花蟒纱衣，青织金妆花过肩云鹤纱衣，绿妆花暗花仙鹤孔雀纱衣，蓝麒麟补纱衣，沉香色蟒纱衣，葱白纱过肩蟒衣，大红斗牛纱女衣，绿蟒纱女衣，绿斗牛纱女衣等，多达三百四十六件。

一类是细衣。细为粗丝织成的绢，又称为粗绸。据《明会典》：洪武二十六年（1393）曾规定：庶民可用细。但止于素细。细衣品种之繁之精当仍属严氏父子所拥有，若云细、补细、潞细、绵细、潮细、妆花细、织金细、织金妆花细等等，其样式主要为：大红妆花过肩云蟒细衣，大红织金斗牛细衣，大红织金仙鹤细衣，大红妆花孔雀补细衣，青织金妆花麒麟细衣，青织金妆花鸳鸯细衣，青暗花云鹤细衣，蓝织金妆花麒麟细衣，大红细獬豸补女衣，紫细麒麟补女衣，绿细蟒补女衣等，共计八十九件之多。

一类是改机衣。所谓改机，乃是弘治间福州机织工林洪通过对织机进行改造，织出的一种四层经丝与两层纬线的双层平纹提花织物。改机织物有二色、五彩、织金之分，织物具有厚薄、滑润、柔软、正反两面花纹相同等特色。严氏收藏“改机

明《入跸图》：世宗与乐队服饰展示

布”二百七十四匹，绝大多数为织成衣料，如青织金妆花斗牛补改机，青织金孔雀补云改机，绿云素改机，闪色织金麒麟云改机等，“改机衣”虽只有十七件，但品种稀有，质地一流。

一类是绒衣。其原料多为丝，织物耐磨。由于丝绒较柔软，因而绒衣以毛茸状散布于表面。明定陵曾出土了一件孝端皇后棺内随葬的双面绒衣，其正反两面均有6.5–7.0毫米长的褐色毛绒，绒衣里面另有平纹绢质衬里，纺织科学技术专家大加赞赏，认为从中可见明代织绒技巧的高超和构思的精湛。由于正反两面均有绒毛，缝成绒衣后背面有衬里，这样可使织物具有良好的保暖性能。

严氏父子当然会知晓绒衣的优长，所以收藏绒衣多达一百一十三件，其品质亦不俗，有大红妆花过肩蟒绒衣，青织金蟒绒衣，青妆花绒禅衣，墨绿过肩蟒绒衣，沉香色蟒绒衣，藕色过肩蟒绒衣，红剪绒獬豸女披风，沉香斗牛绒女衣，绿妆花绒女裙，蓝织金绒女裙等。

为了显示自己的富有与尊贵，严氏父子还收藏了不少稀少服装品种，如宋锦衣二件，蟒葛衣四件，貂裘衣十一件，丝布衣二十三件。总计严氏所拥有的缎、绢、罗、纱、䌷、绒、裘、葛、貂裘、丝布等不同质地的男女衣服，多达一千三百零四件。这些服装，分门别类，各有不同，即以色彩而论，其品种竟达四十种：

红色调：红、大红、水红、桃红、暗红、银红、西洋红

黄色调：黄、柳黄

绿色调：绿、柳绿、墨绿、油绿、沙绿、官绿、黑绿

青色调：青、天青

蓝色调：蓝

紫色调：紫、茄花色、酱色

黑色调：黑、黑青

白色调：白、葱白、银色、玉色、芦花色、西洋白

其他：藕色、沉香色、栗色、鼠色、茶褐色、闪色、西洋铁色、五色、杂色、纳锦

相比之下，明代专门的科技著作《天工开物》记录的较为流行的服装“诸色”才有二十六种，于此可显严氏服装色彩繁富、工艺高超之一斑了。

其实这仅是严氏服装的一个侧面，无论从品种还是工艺水平，严氏服装的任何一个侧面均可尊为明代之最。倘若将严氏尚未用来做衣服的布料计算在内的话，那更是世所罕见。

严氏之家在某种程度上如同明代一座庞大的服装作坊，拥有丰厚的、长年不断的服装资源，据查抄统计的細绢等布匹，就达二万七千二百八十八匹，估价银一万五千零四十七两六钱，其中包括各色南京、潮、潞、温、苏、云素绢，各色嘉兴、苏、杭、

福、泉等绢，各色松江土绫，式样各色毛褐，诸美齐备。严氏父子也具备了足可以支付像皇家那样复杂的多方面的服装品料的能量，其拥有的织金、妆花、缎、绢、绫、罗、纱、䌷、改机、绒、锦、琐幅、葛布等服装织成料多达一万四千三百一十一匹零一缎，就可以证明这一点。

这些数量惊人的服装材料，质地上乘。据专家研究统计，丝织品中有百分之六十三是金彩提花的缎类，如遍地金缎、织金妆花缎、妆花遍地金缎、遍地金蟒缎等。七百四十三匹绢中，

戏剧《一捧雪》表演严嵩抄家

各色映照的明代男女贵族服装

有三百七十四匹是服装织成料，约占总数的百分之五十，如云绢、云熟绢、妆花绢、织金绢、织金妆花绢、遍地金女裙绢等。一千一百四十七匹纱中，有百分之五十二是织成衣料，如大红织金过肩蟒纱、大红织金飞鱼补纱、绿妆花璎珞女裙纱等。二百七十四匹改机中，有百分之八十为织成衣料，如大红织金孔雀补改机、青织金过肩蟒改机、青织金妆花云锦鸡补改机、闪色织金麒麟云改机等。

如此众多且名贵的服装材料，使严氏服饰在明代甚至古代中国服装史上都占有十分特殊的地位。说它特殊，是因为严氏服装并不是从正常渠道得来，因而显得畸形。如查抄严家一应变价的男女衣裳，包括各色缎、绢、绫、绸、绒褐男女衣，各色纱、罗、丝、布男女衣，各色男女大小衣服等，竟计一万七千零四十三件。以严氏家族人口，数十辈乃至百辈也穿不尽这些服装。但同时这又为后世留下了一大宗极其难得的服装史研究资料，使后人通过这些资料得以更深刻地考察明代政治、经济、文化的各个领域，这或许是严氏服装对历史研究的一个特殊“贡献”吧。

相关文献

方以智《通雅·衣服》，上海古籍出版社，1988年。
何孟春《馀冬序录》卷一，台湾笔记小说大观本。

好美裙裤

在明代文学作品中，经常出现对“裙裤”样式的描述，如齐东野人《隋炀帝艳史》第十三回：

恰值东风大起，这些宫娥行在阁道上，穿的那些薄罗轻縠，被风尽吹揭起来，直飘至肩项上边，底下的紫裙红裤，都明明的露出。众宫人忙忙将手去遮掩，怎奈风大衣单，如何遮掩得来！炀帝车驾到了，看见这段光景，不觉心下一点欲念，火焚焚炽将起来。

《金瓶梅词话》第二十七回，西门庆见潘金莲：“纱裙内罩着大红纱裤儿，日影中玲珑剔透，露着玉骨冰肌，不觉淫心辄起。”冯梦龙在《挂枝儿，野花》中也云：“出城门见几个村中

宫廷好长裙 仇英《汉宫春晓图》局部

俏，手儿里提着篮把野菜挑，见人来低着头微微儿笑。绿边红膝裤，越看越风骚。”

裙、裤可以勾引起性欲，这似乎是明朝以前一向不太引人注意的一个侧面，可明朝人却注意到了这一细微之处，以其“淫”意心理付诸文学创作之中，其涵盖上至皇宫，下至乡野民俗。从这一个侧面，反映了裙、裤与明人生活紧密相连而又饶有兴趣的一面。

人们期望以裙引起世人的关注，以裙彰显其爱好与身份。如《西游记》第十二回中，观音菩萨的风度之所以摄人心魄，其中很重要的一个原因就是服饰的华贵。如她腰间系了“一条冰蚕丝、织金边、登彩云、促瑶海的锦绣绒裙”，立时博得众口交赞。而《金瓶梅词话》中，西门庆的妻妾之所以引人注目，其所穿各色典雅的裙子，也起了相当大的烘托作用——

如第十四回，潘金莲下着一尺宽海马潮云纹、用以薄羊皮为衬的金箔切成金皮条钉绣成边饰的、用丝线将裙褶挑连使裙褶定型的挑线褶裙子；第十五回，吴月娘的娇绿缎裙与孟玉楼等人的蓝缎裙；第二十七回，潘金莲和李瓶儿的密合色纱挑线穿花凤缕金拖泥裙子；第三十四回，潘金莲下着白碾光绢一尺宽攀枝耍娃娃挑线拖泥裙子，等等，互相映衬，汇成了一幅绚烂多彩的裙子画卷。

妇女对裙分外讲究和追求，使裙的进展丰富多彩。《留青日札》“袜胸”条记载，明以前主要“在外以束裙腰”，至明代，

“袜胸”在内已有袖，唤作“主腰”，领襟之间也绣上了蒲桃花作为装饰。即使过去不实用的裙装，明朝也重新收拾后穿着起来。如唐代的一种后曳地四五尺简多而细长的“细简裙”，就是经过明代广西地区的整理、继承并逐步传至全国的。

又如裙幅，初用六幅，也是遵循古制，即所谓“裙拖六幅湘江水”。到了明末，裙幅开始用八幅，且腰间细褶数十，以使行动起来似水纹。还有一种浅色画裙，裙幅共有十幅，腰部每褶间各用一色，轻描淡绘，色极素雅，风动颜色如月华，因此得名为“月华裙”。还有的用整幅缎面折以细缝，做成所谓的“百褶裙”。

在明代，裙并非妇女的“专用品”，男子也普遍穿裙，其好尚程度并不亚于女子。《水浒全传》一百三回描写一个大汉子黄达就是“系一条单纱裙子”，为其形象突出他人而增色。《西游记》第十四回说孙悟空打死一只猛虎，割下虎皮，裁为两幅，“把一幅围在腰间，路旁揪了一条葛藤，紧紧束定，遮了下体”。投宿到陈家，孙悟空又借针线将那虎皮，“联接一处，打一个马面样的折子，围在腰间，勒了藤条”，就是一条相当别致的裙子了。

看来男裙的制作是很方便的，随时随地随手即可。尽管孙悟空是小说人物，但他所着虎皮裙，却是明代男子着裙的一个真实投影，孙悟空的裙子则比较粗糙简单，精美的男子裙装在明代则很常见。像山东邹城市九龙山明朝鲁王墓出土的用织金缎衣料制作的四爪蟒袍裙，上衣为交领式，在两肩及胸、背部位设柿蒂形装饰区，内饰行蟒四条，袖为窄袖，腰间有片金横道线纹装饰，

《明宪宗元宵行乐图》局部

腰身收敛，其下打竖向细裥，使下裳成为裙状，明代称“曳撒”。

《明宪宗元宵行乐图》中的宪宗，穿着的也是类似的穿肩通袖龙裥袍裙。这种袍裙自腰中间断，以一束腰带间隔横之，下为竖褶，“前后或三十六，三十八不等”，《酌中志》称为“大褶”，《觚不觚录》则将此袍裙样式称之为“程子衣”，南京博物院藏明徐俌墓出土的“程子衣”，正是这种形制。20 世纪 50 年代，广州东山梅花村明弘治至正德年间尚书戴缙墓出土的一件通长 1.32 米的白棉布袍裙，也是这种款式。

袍裙成了男子着装的时尚，而且越来越多的男子挖空心思地去追求穿裙的美观。据于慎行《谷山笔麈》记载：山东东阿，里俗以牦为裙，着长衣下，令其蓬蓬张起，以为美观。若无牦裙，

明代官员标准服装（曲阜孔府旧藏）

便系竹圈衬。王锜《寓圃杂记》所说的“发裙”，也是这种类型：它用马尾织成，系衬衣内。体肥者一裙，瘦削者或二三，使外衣张开，俨若一伞。但这种形制的衣服在当时仍难以登大雅之堂，往往被士大夫鄙视为“服妖”，

据陆容《菽园杂记》记载：成化至弘治年间（1465–1605），京城地区流行一种从朝鲜传来的“马尾裙”。刚开始穿“马尾裙”

山东博物馆藏明代香色麻飞鱼袍

的，只有富商、贵公子、歌伎等阶层，以后武臣也加入了这个行列，北京才开始有了大量的织卖者。后来，服者日盛，到了成化末年，朝廷官员都穿上了“马尾裙”，阁老万公安甚至冬、夏都不脱。官吏狂热地钟情马尾裙，以致到了偷拔“官马”鬃尾去制“马尾裙”的地步。于是，弘治初有人上书建议这种现象“有误军国大计，乞要禁革”。一个“马尾裙”竟需要从国家安全角度进行干预；为了穿好看的“马尾裙”，竟到了沉迷而做盗窃勾当的地步，这真是庄谐兼具的服装奇闻轶事。

相形之下，膝裤就缺少裙子飘逸浪漫的色彩。从功用上看，膝裤不分男女，大多是开裆式，类似于套裤。在明小说中经常能看见这种情形，《醒世姻缘传》第三十七回：“只见那个闺女手里挽着头发，头上勒着绊头带子，身上穿着一件小生纱大襟褂子，底下一条月白秋罗裤，白花膝裤。”一人不能穿两条裤子，所以

着马尾裙的宪宗调禽

陈洪绶《何天章行乐图》：长裙端坐亦显雅致

人们认为膝裤是无底的长袜。

膝裤的穿法，一般都束在膝盖以下的部位，长至踝部，这是妇女为了不外露脚面和脚腕子的缘故。山西临汾博物馆收藏的明代《水陆画》中，就有穿这种膝裤的妇女形象。叶梦珠在《阅世编》中曾这样总结明代妇女所穿的膝裤：

膝袜，旧施于膝下，下垂没履。长幅与男袜等，或彩镶，或绣画，或纯素，甚而或装金珠翡翠，饰虽不一，而体制则同也。崇祯十年以后，制尚短小，仅施于胫上，而下及于履。冬月，膝

《水陆画》中女性着膝裤像

下或别以绵幅裹之，或长其裤以及之。考其改制之始，原为下施可以掩足，丰趺者可以藏拙也。

叶梦珠所说的“掩足”“藏拙”，道出了膝裤的精粹之处。

明代妇女下裳主要为裙，裙内加穿膝裤，只是为了求美。《金瓶梅词话》中有不少这样的例子，第六十二回，孟玉楼、李娇儿寻李瓶儿喜欢的物品时，其中就有一“妆花膝裤腿儿”。为了讨女人欢心，男人也向女人送膝裤。如第二十五回，来旺儿送给孙雪娥“两双妆花膝裤”。《梼杌闲评》第十三回，进忠赏赐给秋鸿的物品中，其中有“一双白绫洒花膝裤”，竟使秋鸿觉得不好意思接受。究其原因，无非是这些物品能使女性极快乐地得到了美的享受。

相关文献

何良俊《四友斋丛说》《正俗一、二》，中华书局，1959 年。
周汛、高春明《中国历代妇女妆饰》，学林出版社，1997 年。

袈裟的魅力

《西游记》第十六回，观音禅院的老僧为炫耀收藏的七八百件袈裟："一件件抖开挂起，请三藏观看。果然满堂绮绣，四壁绫罗！"可是唐三藏的袈裟未待拿出，"早有霞光迸射"，待抖开时，"红光满堂，彩色盈庭"。这使得老僧垂涎三尺，为长久霸占这宝贝袈裟，老僧竟于当晚纵火，谁知被孙悟空算计了，为袈裟反送了性命。黑风山熊精则乘机盗走了袈裟，欲作"佛衣会"。孙悟空赶去，一场恶战，收降了黑熊，夺回了袈裟。

一件袈裟，致使寺破人亡，连妖怪也起贪掠之心，似乎有些荒诞，那么，袈裟究竟有何珍贵？寻根溯源，我们可知，袈裟源自梵语"迦沙曳"之省称，晋葛洪《字苑》改为袈裟，遂繁衍一连串别名：福田衣、无尘衣、无垢衣、

花团锦簇 袈裟争先

忍辱衣、逍遥服、离尘服、方袍……但其本义只有一个，那就是“僧衣”，菩萨的一番话对这僧衣作了全面的解答——

这袈裟是冰蚕造练抽丝，巧匠翻腾为线。仙娥织就，神女机成，方方簇幅绣花缝，片片相帮堆锦簻。玲珑散碎斗妆花，色亮飘光喷宝艳。……沿边两道销金锁，叩领连环白玉琮。

也许读者以为这是以溢美之词来编造袈裟的神话，其实不然。即以袈裟所展示出来的“色亮飘光喷宝艳”“沿边两道销金锁”来看，这正是明代金织衣服精湛技术的体现。胡侍《真珠船》记录明代衣服黄金装饰技术就达

观音衣裳与皇帝服装比较毫不逊色

三十余种：

金线、金箔、泥金、销金、贴金、缕金、间金、戗金、圈金、戭金、解金、剔金、捻金、掐金、明金、楞金、背金、影金、阑金、盘金、织金、魘金、家金、括金、镀金、流金、渗金、减金、描金、煮金、湎金、皮金、遍地金……

如此金饰，集于衣服，一经展开，怎不熠熠生辉？正像《酌中志》所说的，穿素纱都“光耀射目”，何况金服？应该说，织

明顾绣着华贵袈裟阿弥陀佛像

金在明代服饰中是占有相当显要的位置，但仅金饰还不足以构成一件衣服的特殊价值，还需要多方面技术、材料的配合衬托，如《西游记》第十二回更进一步对玄奘穿上袈裟夸赞的那样：

朗朗明珠上下排，层层金线穿前后。
兜罗四面锦沿边，万样稀奇铺绮绣。
八宝妆花缚纽丝，金环束领攀绒扣。

以此与明代衣服制作相对照，这描写倒也符合史实。即以“层层金线穿前后”而言，明定陵出土的五十余匹、件的纱料和服装可证：或用捻金线和彩丝线绣花，或用孔雀羽线和彩线绣花。万历皇帝所穿的黄地云龙折枝花孔雀羽妆花缎织袍，就是用片金线和十二种彩丝及孔雀线合织而成的。孝靖皇后的洒线绣蹙金龙百子戏女夹衣，则是用三股彩丝线、绒线、捻金线、包梗线、孔雀羽线、花夹线等六种绣线，运用了十二种刺绣针法织成的。

即从其主要的“洒线绣蹙金龙”工艺

百子常为衣裳装饰图案

看：它是以方孔纱为绣料，用彩色丝线合捻穿绣成小型几何花纹作地，再在几何形地上加绣铺绒主花。以蹩金（编金）法在垫高的龙纹上用金线一边铺，一边用另一根金线钉住，绣出龙鳞、龙头……所谓“层层金线穿前后”，此言不虚。

再以“八宝妆花缚纽丝”，联系玄奘所说“玲珑散碎斗妆花”，我们可以领略到“妆花”在明代服装中的高超工艺。“妆花”是明初南京织工的一种新创工艺，它是由织金发展而来的以挖花为主要显花方法的重纬、缎地、多彩丝织物，是明代织造工艺中最为复杂的一种工艺手段。其特点是用色多，可以进行多种配色，一件织物可以织出十几种甚至二三十种颜色。而图案的主体花纹，又往往是通过两个层次或三个层次的颜色来表现，工艺水准相当高。

实际上，“妆花”就是用各种彩色纬丝在织物上以挖梭的方法形成花纹。其主要工艺方法是在地纬之外另用彩纬形成花纹。后来，这种工艺不仅应用于缎地，也应用于绢地或罗地上：在缎地上则为妆花缎，在绢地上则为妆花绢，在罗地上则为妆花罗，在纱地上则为妆花纱，在紬地上则为妆花紬。如《天水冰山录》中的大红妆花仙鹤补云缎、青织金妆花缎子补绢、绿妆花麒麟补云罗、蓝妆花云纱、沉香妆花飞鱼补紬等等。

以“妆花缎”为例，它是在缎地上以各色彩纬织出花纹，同时以片金线织于花纹边缘。其中“金宝地”，满地织金，上列彩花，显得金碧辉煌。在“妆花”的配色上若运用“色晕”，以片金绞边，大白相间，色彩对比则更为强烈。据《江南丝绸史研究》：明末，丝绸色彩至少达到了一百二十余种，仅红色就有十九种之多。也就是说，众多的颜色，映衬得“妆花”更加耀眼夺目。

袈裟上的“兜罗四面锦沿边”，似乎不经意之语，虽然“锦”于明时使用数量不多，质却十分突出。明成化《新编说唱全相石郎驸马传》中形容皇姑的打扮，两次提到了“上着西川红锦袄”“身着西川十样锦”，于此看到明代质地优良的蜀锦声誉还是比较高的，某种程度上可以代表明锦的最高水平。四川博物馆收藏的两幅明代蜀锦残片，足可以证实这一点：

一幅是黄地双狮雪花球露锦，这是一种纬三重纹织物。

明万历红地艾虎图妆花纱

清焦秉贞《仕女图》，承接明风，宛如一群模特儿巡展

地为经重平，纬浮花，地呈黄色，花纹由蓝、浅绿、黄、赭等色组成球路。锦面由大小圆镜花纹构成图案，大小圆圈均用雪花纹组成球路。小圆内织团风，大圆中心是造型优美、栩栩如生的双狮戏球纹样，中心纹样圈内层之间，饰以卷草云纹，空隙处普填小圆雪花纹，整个锦面层次丰富，浑然一体。

另一幅是变形牡丹蝴蝶锦，是一种由四色纬线分段换梭织造的纬四重织物。该织物致密、美观、秀丽，缎地，纬浮花，地呈黄色，花纹由蓝、绿、浅红和黄色组成，花叶的轮廓以浅色纬线包边。图案是以变形牡丹和变形卷草花叶向四方伸展，互相勾连成蝴蝶纹样，结构严谨，构图优美，线条流畅，色彩鲜明。

以上两幅锦片构成袈裟上的图案，无疑会更增加袈裟的贵重性，从而使袈裟成为一件艺术精品。明代的服装设计，或许正是从这样的袈裟中获得了不小的灵感。众所周知，袈裟作为出家修行僧人的衣着起自晋，兴于唐。因以各色零碎碎布片拼缀成衣，故又称“衲衣”。

唐人参照袈裟的“衲衣”风格，有的在整件服装上设计出大小不一的碎片，呈纵横交错之势，形如平荡水田，故又称之为“水田衣”。钱大昕《十驾斋养新录》中曾对此进行过考察：

释子以袈裟为水田衣；今杭州神尼塔下有唐杭州刺史卢元辅

磨崖刻七言诗，首句云："水田十里学袈裟。"阮亭"水田一带学僧衣"之句，盖本于此。

联系王维"裁衣学水田"的诗句，可知唐时这种由袈裟而水田服装的过渡、因袭、模仿是很盛行的。

明代的"水田衣"则是在唐代的基础上，打破了原来有规律的排列缝合的工整格局，随心所欲运用各色布片，以长方形、方形、三角形及多边形，寸翦间杂，灵活拼接，缀连形成了较之唐代更繁复多变而又悦目的"水田衣"，以至明代的男女老少皆喜穿"水田衣"，尤其是女性。明清之际的《燕寝怡情图》，就呈现出了穿"水田衣"而亭亭玉立的妇女形象，十分优美动人。晚明《上元灯彩图》所绘南京市场上穿"水田衣"的男人触目皆是，也从一个侧面证实了明代"水田衣"当是十分时尚的。

相关文献

焦竑《焦氏笔乘》续集卷四《水田衣》，中华书局，1986 年。

陈维稷主编《中国纺织科学技术史》，科学出版社，1984 年。

时尚巾帽

郎瑛的《七修类稿》中有两条关于“巾”的文字。一条是卷十四《国事类》中的《平头巾网巾》：

今里老所戴黑漆方巾，乃杨维桢入见太祖时所戴，上问曰：“此巾何名？”对曰：“此四方平定巾也。”遂颁式天下。太祖一日微行，至神乐观，有道士于灯下结网巾，问曰：“此何物也？”对曰：“网巾，用以裹头则万发俱齐。”明日，有旨召道士，命为道官，取巾十三顶颁于天下，使人无贵贱皆裹之也。至今二物永为定制，前世之所无。

另一条是卷三十三《诗文类》的《巾诗》：

正德中年，京都士人忽焉以巾易帽，四方效之。然巾本古冠服也，一时变更自觉骇异，况贩夫走卒亦有戴之者，以其价廉易办耳，殊可恶也。于时予有俚语四句以咏之，俚曰："忽出街衢不奈看，今时人物古衣冠。望尘走俗人心厌，况又庸人戴一般。"友人孙体时一日戴巾来访，恐予诮之，途中预构一绝，予见而方笑，孙对曰："予亦有巾之诗，君闻之乎？"遂吟曰："江城二月暖融融，折角纱巾透柳风。不是风流学江左，年来塞马不生騌。"二人相对一笑。

这两段文字，以第一条为最常见，许多学者纷纷征引，以此来说明"巾"在明代是如何地受到重视，以至朱元璋亲自颁式天下。郎瑛敏锐地抓住了平头巾、网巾为"前世所无"这一新鲜性，并将它归于《国事类》的高度来记述，这就充分给予了巾、帽以十分崇高的地位。

而另一条材料之所以借"诗文"的面目出现，意在取悦，因为巾、帽自明中叶以来的变化，实在是既多又快，人对巾、帽的心情也似乎进入了一个创造性和欣赏性并重的时期。因此，当展开《云间据目抄》《留青日札》《华亭县志》等笔记小说、方志资料，试图对巾、帽发展状况做一观察时就会发现，我们已经站在了一个巾、帽大洋的岸畔了，面对的犹如滔滔不绝的壮阔的波澜，仅著名的巾就达百余种之多：

晋巾、九华巾、逍遥巾、纱帽巾、华阳巾、和靖巾、方山巾、程巾、网巾、儒巾、平顶巾、汉巾、软巾、四角方巾、吏巾、二仪巾、平巾、万字巾、番子巾、披云巾、五台巾、飘飘巾、包角巾、缣巾、长者巾、乌角巾、幅巾、诸葛巾、五治巾、云巾、唐巾、勇巾、过桥巾、武士巾、乌纱万幅巾、东坡巾、四周巾、纯阳巾、老人巾、将巾、结巾、金貂巾、雷巾、皂隶巾、凌云巾、四开巾、桐巾、乌匼巾、阔幅巾、珠巾、新罗巾、夹罗巾、鹿巾、谷皮巾、化巾、尖巾、仆射巾、莲花巾、燕巾、云巾、圆头巾、方头巾、平头巾、渔巾、白鹭巾、飞詹巾、鶡鵼巾、山谷巾、阳明巾……

帽则有：棕结草帽、遮阳大帽、圆帽、鹅帽、堂帽、中官帽、瓦楞棕帽、瓜皮小帽、卷檐毡帽、红黑高帽、烟墩帽、边鼓帽、帷帽、大帽、缠棕帽、鞑帽、三山帽、僧帽、芙蓉帽、罗帽、纻丝帽、六板帽、瓦楞棕帽、凉帽、皮帽、春秋罗帽、鬃帽、绉纱帽、冬毡帽、圆帽、暖耳帽、席帽、蒲葵帽、草帽、五彩帽、双耳金线帽、锁锁帽……

样式繁多的巾、帽，有不少是继承自唐、宋乃至更早朝代的遗制，如东坡巾、山谷巾、汉巾、晋巾、唐巾等。典型的如葛巾，或称为诸葛巾，一说创自诸葛孔明，另一说云与陶渊明用以漉酒有关。唐武则天赐群臣葛巾子，呼为“武家葛巾子”。杜甫诗云“呼儿正葛巾”，正是说的这种头饰。

巾、帽若按社会各行业而分，则有武士巾、儒巾、吏巾、将巾、皂隶巾等。也有按形状分的，如两仪巾，后垂飞叶两片；万字巾，上阔下狭形如万字；凌云巾，则用金线或青绒线盘屈作云状。还有按季节分的，如凉帽、冬毡帽、春秋罗帽、遮阳大帽。按年龄分的，如老人巾。也有按质地分的，如软巾、缣巾，等等。

虽然明代巾、帽的形制之多堪称历代历朝之最，但其代表样式归纳起来也就那么几种，以至明人常常以巾、帽的不同来判断人的社会身份。查慎行《人海记》说，明代“平人以小帽为耻”。假如有一人侥幸科甲，那他的宗族亲属就赶快换上“儒巾”，故明代谚语有“满城文运转，遍地是方巾”之说。又如最为常见的“网巾”，据王三聘《古今事物考》记载：“古无此制，故古今图画人物皆无网。国朝初定天下，改易胡风，乃以丝结网，以束其发，名曰网巾。”

网巾是用黑色细绳、马尾、棕丝制作，网口用纱帛做边，边上缀两个金、玉、铜质小圈，戴时将两边绳头穿进小圈内，交叉勒紧，再在头顶束结，使头发齐正，所以又名“一统山河”，当时的社会各阶层人士均可戴用。

正因以前从未有过，网巾才作为时髦物而风行一时，以至明代民间男女调情都以“网巾”为题：“网巾儿，好似我私情样。空聚头，难着肉，休要慌忙，有收有放。但愿常不断，抱头如意重，结发见情长，怕有破绽被人瞧也。帽儿全赖你遮掩俺。”

用网巾比喻两性的愉悦，固然是文人们的创意，然而从中也可见网巾与明代百姓的日常生活已到了须臾难离的程度。与网巾相提并论的还有“瓜皮小帽”。瓜皮小帽亦即延续至民国初年的

明代著名肖像画家曾鲸所绘《严用晦像》，其服饰为明代士人代表

《皇都积胜图》局部，极目远眺 瓜皮世界

“瓜皮帽”，它是用六块三角形的罗帛拼缝起来的，下面加上一个帽圈。此帽原为执役卒辈所戴，其后取其方便，士人、商贩、市民均戴。此帽春秋用罗，夏用结棕或用漆纱，冬则用绒或毡，有六瓣、八瓣之分，上作平形或圆形，用线合缝之，下有檐，一名“瓜拉帽”，也称“六合一统帽”。

由于瓜皮小帽戴的人多，加之其美观、实用，故瓜皮小帽一出现，就在巾、帽之中占了很重要的地位。谈迁《枣林杂俎》中的一段对话，就揭示出了瓜皮小帽在当时人们心目中的位置是何等显赫了：隆庆时，嘉善丁清做句容县令，他父亲告诫他：“你们这行戴纱帽的人说好，我不信。当差的说好，我更不信。穿青衿的读书人说好，亦不信。惟瓜皮帽子说好，我就信了。”通过这一段对话，可以使我们感受到，瓜皮小帽已成为一种非常时尚的物品，受到大众的喜爱。当然，这也是由于瓜皮小帽所寄寓的“六合为一”“山河一统”的理念而普遍被人们所接受，或许这也是这种小帽成为时尚帽子的一个重要原因。

然而，巾、帽时尚并非一成不变，它们随着时代的变迁而不断变化，尤其是自明中叶到晚明时期，这种变化尤为明显。范濂《云间据目抄》，就真实地记录了这种变化的轨迹：

余始为诸生时，见朋辈戴桥梁绒线巾，春元戴金线巾，缙绅戴忠靖巾。自后以为烦，俗易高士巾、素方巾，复变为唐巾、晋巾、汉巾、褊巾。丙戌以来，皆用不唐不晋之巾，两边玉屏花一对，而少年貌美者，如犀玉奇簪贯发。鬃巾，始于丁卯以后，其制渐高，今又渐盈。纱巾为松江土产，志所载者，今又有马尾罗巾、高淳罗巾，而马尾罗者，与鬃巾乱真矣。童生用方包巾，自陈继儒出，用两飘带束顶，近年并去之，用吴门直罗头法，而偎儿更觉雅俏。瓦楞鬃帽，在嘉靖初年，惟生员始戴，至二十年外，则富民用之，然亦仅见一二，价甚腾贵，皆尚罗帽、纻丝帽，故人称丝罗，必曰帽段。更有头发织成板，而做六板帽，甚大，行不三四年而止。万历以来，不论贫富，皆用鬃，价亦甚贱，有四五钱七八钱者。

据此，我们可以看出，范濂所述，虽是松江一地，但其所呈现的却是整个明代巾、帽的多姿多彩。透过时尚的巾、帽，我们不仅看到一道美丽的头上风景，而且也能把握到由这佩戴艺术而带来的经济、物质活力的跃动。

相关文献

《嘉靖洪雅县志》，天一阁藏明代方志选刊本。
周锡保《中国古代服饰史》《明代服饰》，中国戏剧出版社，1984年。

各色佩饰

《金瓶梅词话》第九十回说：“卖些金银生活，首饰花翠”的来旺儿，“打开箱子，用匣儿托出几件首饰来，金银镶嵌不等，打造得十分奇巧。但见：孤雁衔芦，双鱼戏藻。牡丹巧嵌碎寒金，猫眼钗头火焰蜡。也有狮子滚绣球，骆驼献宝。满冠擎出广寒宫，掩鬓凿成桃源境。左右围发，利市相对荔枝丛；前后分心，观音盘膝莲花座。也有寒雀争梅，也有孤鸾戏凤。正是：绦环平安祖母绿，帽顶高嵌佛头青。看了一回，问来旺儿：‘你还有花翠，拿出来。’那来旺儿又取一盒子各样大翠鬓花、翠翘满冠并零碎草虫生活来。”

一个走街串巷的小贩，就可以贩卖如此花样众多的佩饰，可见明代妇女佩饰的品种是相当丰富的。一个无资金本钱的小贩以此为谋生职业，可见贩卖妇女金银佩饰已成一专门行业，综合这两点，可见明代妇女对金银各色佩饰的需求量是非常大的。而且，艺术品位也是非常高的：

孤雁双鱼相对，衔芦戏藻互映。牡丹巧嵌，猫眼钗头；花兽闪烁，浑然天趣。狮子骆驼，滚球献宝；玩耍朝贡，喜气洋洋。更为生动的是满冠、掩鬓。

“满冠”为插戴在发髻后边的首饰；“掩鬓”则作云形或团花形，掩于双鬓。如上海打浦桥明顾定芳夫妇葬墓出土的一对白玉掩

上：金累丝楼台人物挑心
下：金累丝楼台人物分心

鬓，边框云朵形，云朵中飞着擎花仙人。由于满冠、掩鬓装饰位置显著，故其景象富丽堂皇，气势夺人。广寒宫、桃花源均为传说中的仙境，琼楼玉宇，山环水绕，女神隐士，天上人间……种种奇景，竟借助于戴在发髻后边或插于两鬓的满冠、掩鬓展现了出来。

小小首饰却浓缩了不小的巧思，这不禁使人联想起江西明代藩王墓出土的多达九种的那些首饰：人物一分许高，楼阁不过方寸，嘉草异花，曲径通幽。这种构图繁复、雕镂精细的首饰，在明代已不是个别现象。从严嵩家查抄出来的“金厢珠宝首饰”，也提供了这方面的佐证：

金厢楼阁群仙首饰、金厢八仙庆寿玉鹤首饰、金厢玉凤顶珠宝首饰、金厢玉孔雀牡丹首饰、金厢玉寿星首饰、金厢撂丝灯笼狮象首饰、金厢大凤刘海戏蟾首饰、金厢累丝楼台人物首饰、金厢三顾草庐首饰、金厢天师骑艾虎首饰、金厢张骞乘槎珊首饰、金厢人马蝴蝶嵌珠宝首饰、金厢鸳鸯戏莲大珍宝首饰……

这些首饰中以反映祝寿内容的最为复杂，往往群仙毕集，数十嫦娥奏乐，背景则为重亭高榭、钩心斗角。其他种类的首饰，也无不是设制纷繁、巧夺天工，每一种首饰均寓意一俏丽佳景。像扬之水《明代头面》所描述的江阴青阳明邹氏墓出土的一件“满冠”：簪首形如浅而弯的梳背儿，弯弧中间一朵莲花，花心顶

明冬景货郎图
北京故宫博物院藏

一只莲蓬，莲花两边一对鸳鸯，两端錾着草叶和蝴蝶，犹如“满池娇”的一幅莲塘小景。

女性正是企图通过插戴这些精美绝伦的首饰，以博得男性的关注和欢心。《金瓶梅词话》第二十一回，西门庆将吴月娘一手拖进房来，“灯前看见她家常穿着大红潞绸对衿袄儿，软黄裙子，头上戴着貂鼠卧兔儿，金满池娇分心，越显出她粉妆玉琢银盘脸……”首饰映衬容貌的娇艳，恰似“画龙点睛”一般，越能显出美人的妩媚来。

所以，女性对金首饰的用心与追逐也格外专注。《金瓶梅词话》第二十回，李瓶儿就拿出一顶重九两的“金丝鬏髻”，使人“拿到银匠家毁了，打一件金九凤垫根儿，每个凤嘴衔一挂珠儿，剩下的，再替我一件，照依他大娘，正面戴金厢玉观音，满池娇分心”。李瓶儿说的大娘是吴月娘，说“剩下的”金子则是仿照吴月娘所戴的“金满池娇分心”而打。看来这种以一池盛开莲花为底，中心为观音、两侧为童子，插戴在罩发鬏髻前后的大簪，在当时是很时髦的一种首饰。

“绦环”“帽顶”的应用也较为普遍。《天水冰山录》中，就列有二百零八件绦环，共重一千一百一十三两零九分，品相也颇为可观。如金厢玉海内英雄珠宝绦环、金厢玉鹿献芝猫睛宝石绦环、金厢玉牧童牛背珠宝绦环、金厢玉艾虎大珠宝绦环、金厢玉满池娇宝石绦环、金厢玉蟾宫玉兔宝石绦环、金厢香二龙戏珠宝绦环、金厢八仙庆寿嵌宝绦环、金厢鸳鸯戏莲绦环、金厢蜻蜓采菊珠宝绦环。

相比之下，“帽顶”的样式则不那么繁多。如金厢珠宝帽顶、金厢珠帽顶、金厢玉帽顶、金厢绿宝石帽顶、金厢青宝石帽顶、金厢红宝石帽顶、金厢黄宝石帽顶、金厢宝石帽顶等。李瓶儿也

上：草虫滋长的自然环境
下：小小草虫翻飞忙

明春景货郎图
北京故宫博物院藏

草虫啄针·草虫簪

曾拿出“一件金厢鸦青帽顶子”，让银匠去做一副“坠子”。大约“帽顶”的用途，不像“绦环”那样广泛，所以李瓶儿才让人用帽顶去改作坠子的。

至于上文中所说的“零碎草虫生活”，倒是用途较为宽泛的另类首饰。“生活”当所做“活计”解，“草虫”即金银簪首做成的各式草虫，如蝴蝶、蜻蜓、螳螂、蝎子、蜘蛛等。但也有个别例外，如无锡明黄钺家族墓地出土的一对镀金银簪，簪首虽为草叶，却有一尾游鱼嬉戏其间，这只不过“零碎”，应仍属“草虫”之类。

总之，这类佩饰以小虫为主，加以金银制作的草叶陪衬，宛如草丛中闹虫琼风撩草，须展翅动。如上海李惠利中学明墓出土的金镶宝鎏金银簪——针式的簪脚，簪首为一只银鎏金的蝴蝶，蝶身细巧，闪金亮银，银丝卷出的长须子高挺探出，迎风拔草的姿态毕现……虽为鬓角伎艺，却是上乘的技巧功夫。

由于草虫簪细小，做工精细，尤其风行于节假日。在女性的影响下，人们纷纷以插戴草虫簪为时尚。如《金瓶梅词话》第

明夏景货郎图·明秋景货郎图
北京故宫博物院藏

十五回所说：“剪春蛾，鬓边斜插闹东风。”不过就草虫簪的品质来讲，因其属于佩饰中的“零碎”，所以它类似于明头面中的小品，更为普遍和正式的女性首饰，应该还是钗子。如《成化新编说唱全相石郎驸马传》中所叙述的皇姑的打扮：“珍珠环子悬在耳，金钗十二两边分。”金钗不仅数量多，而且插戴位置也特别显眼，显示出了钗子在首饰中的重要作用。

明代钗的艺术设计制作水平已达到了巅峰状态，据《江西南郊明益王朱祐槟墓发掘报告》看，方寸凤钗，其技神矣：凤头金叶制成，以绳状金丝盘曲如蝴蝶结，是为毛冠，以绳状金丝数缕向上下左右回卷如须，以代颈鬣。颈、胸、腹等外表全用细如发丝的金线制成长鳞形的毛羽，排列整齐。背上两翅下毛羽数茎，圆转流畅及于尾部，尾羽很长，从体后回旋向上而前，及于头部。金丝缠绕的脚胫，抓于上大下小的云形体上，云形体下为钗足，钗足上端转为粗圆形金丝，自云形体下穿入其内……以这样的凤钗插戴于头上，自然会使插戴者仪表举止大为增色。这也是此类凤钗完全由宫廷所制做由有身份的女性专用的一个原因。

与女性相比，明代男子的佩戴则要逊色许多。但男性也有佩戴簪子的习惯。如《金瓶梅词话》中的陈经济除“头上关顶”的簪儿外，头上也“簪着两枝金花”。而“罗帛象生花”之类的簪戴，则常出现鬓旁。男子较为常见的就是各种质地的腰带了，像《天水冰山录》中的八仙庆寿阔玉带、绣球狮子玉带、檀香带、犀角带、象牙带、镀金厢玳瑁花带，等等。这类贵重的腰带，只

又一幅春景货郎图，明代配饰玩意儿之盛于此可见

有上层人物才能享用，下层百姓的腰带，则像《金瓶梅词话》所说的多为“烂绒绦”或“缠带”等等之类的东西。

明代男子常用的佩饰，主要是金戒指。明代小说中有许多这样的描写，《瞿凤奴情衍死盖》中介绍的一后生打扮，全身唯一亮点就是他“手指上亮晃晃露着金戒指”。由于戴在手上，金戒指确能起到张扬身份的作用。正是由于此点，明代男子除金戒指外，也常常用其他材料，如玉、银、珠宝等制成各种佩饰，随身佩戴，以显个性。

明代小说《黄秀才徼灵玉马坠》，说得就是一位唤作黄损的秀才，用“一块羊脂白玉雕成个马儿，唤做玉马坠，色泽湿润，镂刻精工。虽然是小小东西，等闲也没有第二件胜得他的。黄损秀才，自幼爱惜，佩带在身，不曾顷刻之离”。从小说线索入手，这一时刻不能分离的玉佩饰，可以使我们看到了明朝男子玉佩饰给后世的启发，从而领略到了《红楼梦》中贾宝玉钟爱“通灵宝玉”绝非偶然。

相关文献

曹昭《格古要论》，文渊阁《四库全书》本。

刘本沛《虞书》，虞阳说苑乙编本。

从《山歌》说鞋

用百姓最熟悉的文学艺术样式——民歌，嵌入与大众日常生活密切相关的鞋进行歌咏，这在明代文学发展中也算是一项创造。文学家冯梦龙巧妙地以鞋来隐喻男女之间的情爱，形象而又生动：

鹙我松江尤墩衬里，外盖绸缎簇新。爱我口儿紧括，喜我浅面低跟。又弗比靴头样�嘴趤脸，又弗像急棚棚个样河豚。

用自万历以来极轻美、远方争购的松江尤墩布做鞋的“衬里”，加之鞋外盖簇新绸缎，做工又“口儿紧括”，样式又“浅面低跟”，当然要比得过那种“趤嘴趤脸”的“靴头样”，也不像那种中部形鼓圆而较短类似河豚鱼状的鞋了。

各式鞋子

故冯梦龙以自夸的口吻继续炫耀：

陈桥阿妈见子我，一歇上头笃嘴笃脸，
荡（宕）口娘娘见子我，努眼凸睛，
西山头姨姨看见子我，乡谈弗绝，
六葱姐见子我，市语连声。
一个说我浆虱头个迟货，
一个说我还复个弗是真身，
一个说我客料比弗得松江个有趣，

倘若诸鞋子比高低，僧鞋亦可“拔头筹”。在《刘海戏蟾图》可观僧鞋的精致、坚实、鲜明、耐用，予人印象深刻。难怪明代的《拍案惊奇》第二卷描述了一位拥有百万家私的大财主也要乔模乔样地“脚下着一双低跟浅面红绫僧鞋儿”，以示自己的不凡和赶时髦一个说我一出货，到弗得南京轿夫营个绝精。

这里所说的“陈桥阿妈”“荡（宕）口娘娘”“西山头姨姨”“六葱姐”，均为拟人口气，实质乃为明鞋的著名品牌。据范濂《云间据目抄》记载：“宕口蒲鞋，旧云陈桥。俱尚滑头，初亦珍异之，结者皆用稻柴心，亦绝无黄草。自宜兴史姓者客于松，以黄草结宕口鞋甚精，贵公子争以贵价购之，谓之‘史大蒲鞋’。此后宜兴业履者，率以五六人为群，列肆郡中，几百余家，价始甚贱，土人亦争受其业。近又有凉宕口鞋，而蒲鞋滥觞极矣。”

以上记述告诉我们，在明代，人们多将蒲鞋做成宕口，即宽敞的大口，夏季穿着透气、凉爽。这是因为制作这种鞋的材料，是以蒲草为主。在各地做的蒲履中，以江南陈桥一带出产者最为著名，享誉远近，故名“陈桥鞋”，以至因此而形成了鞋的一个品牌。如《金瓶梅词话》第二回，形容西门庆的穿着打扮时所说，他“脚下细结底陈桥鞋儿”；《如梦录》所记开封市集买卖中有“陈汉章南鞋店”也可证明。所以，我们才能理解《醒世姻缘传》第二十九回，薛教授为何将一双“蒲鞋”当成上品佳物，赠给朋友。“蒲鞋”已与银子、铜钱并列，足见其贵重非同一般。

当然，“蒲鞋”之所以受人青睐，主要还是源于它的实用性。据《暖姝由笔》记载：明代北京每逢端午，无论贵族还是贱民，必买新蒲鞋穿上过节，每年都是这样，已成为了习惯。可这并不

苏东坡屐鞋至明代仍为时尚

是说除蒲鞋外，就没有别的鞋了，只是蒲鞋由于制作材料便宜，绝大多数民众也能消费得起，所以受众者多罢了。其他鞋的品种也是应有尽有。

据陆嘘云所编《新刻徽郡原板诸书直音世事通考》及其他史料记载，明代的靴鞋主要有：皂靴、钉靴、紫蠵靴、缎靴、高筒毡靴、油靴、党家靴、鞝鞋、蒲鞋、履鞋、镶鞋、秧鞋、麻窝、棕套、木屐、草履、凉靸、荡口鞋、陈桥鞋、草心鞋、靸脚鞋、双琴鞋，等等。

鞋的品种很多，但最具代表性的还是以皮革为材质制成的鞋。像《万历新昌县志》所说：成化以前的平民，皆遵国制，“穿皮靴鞋”，这是“极检素”的。沈受先《三元记》就记载有一首“皮匠歌”：

> 张公惯为裁靴底，日出卯时才做起。
> 锥钻放在面子间，楦头放在箩头里。
> 穿不上时放长些，穿得好时要价增。
> 今年油靴卖不得，明岁皂靴做不成。
> 皮又烂，底又松。
> 不出门庭三五步，脱了靴底再来缝。

这篇歌词，是做鞋皮匠的“丑角”与使笔书生的“末角”就自己所从事职业比试而唱的，意在调笑，但也在客观上道出了制作皮鞋，已成为当时社会生活不可或缺的一种职业。不断涌现出来的许多品牌鞋，也能对这种现象给予支持。在众多的靴鞋之中，驰名品牌，像《如梦录》所记开封半截街上，就有名鞋铺数家——“三镶皂履”“折鞋”“方舄”“万卷书程子刻丝云头”“双刺细鞘各样毡鞋”“儒履”，等等。此外，还有专门供应不同对象的鞋铺，像李琏胡同的程家鞋铺、察院西大旗杆照壁前的成兵快鞋铺、馆驿街西头的定做选材通衬文武官样、四缝掐金、男女朝靴的皂鞋铺，等等。

为了招揽更多的顾客，鞋铺经营者往往以个人姓名命名，以突出自己产品的特色。如在洪山庙城根一带，则专有妇女经销云头履鞋，而且专做各样名鞋的店铺，这显然是有针对性地制鞋，注重的是个人的爱好品位。为了在众多的鞋业经营者中脱俗而出，有的鞋铺竟用铁鞋做幌子，以表示自己所经营鞋的坚固耐穿。如南京则注重利用首善之区的优势，在《南都繁会图》所绘林立的商肆之中，就有一高挂招牌，上端画一靴，下写“京式靴鞋店”，以展示自己靴鞋质量的特殊。

史玄《旧京遗事》所记北京市场出售的“凤头靴”，则是为了追求“双行愈增其美”的设计风格。“凤头靴”亦称凤头履。其突出特征，是在鞋首塑凤凰为标志。山东邹城明代墓中曾出土过一双石雕凤头履，长 10 厘米，最宽处 3.2 厘米，后跟深 3 厘米，鞋前端凤首不是朝前伸出，而是朝后扭转，真所谓回眸俊秀、顾盼风生，谁会不感到行走轻盈、韵味无穷呢？

这显然是由于鞋作为商品参与竞争而产生的一种颇具兴味的现象，它表明鞋的制作发展至明代已呈多元化。据顾起元《客座赘语》记载，士人所穿鞋履，往昔也仅是云履、素履，后来鞋样陆续增加，有方头、短脸、毬鞋、罗汉鞋、僧鞋。鞋跟也由高变低，以浅薄为流行，以至走路显得有点拖曳，颜色有红、紫、黄、绿等不同颜色。以此联系《金瓶梅词话》所描写的李娇儿去李瓶儿盛百十双鞋的四个小描金箱儿翻鞋，确实可感受到当时鞋的品种和样式确是异彩纷呈。《金瓶梅词话》第二十九回，李瓶儿、潘金莲、孟玉楼关于做鞋的商讨，也从一个侧面生动地折射出了这一景象：

金莲道："要做一双大红光素缎子白绫平底鞋儿，鞋尖儿上扣绣鹦鹉摘桃。"李瓶儿道："我有一方大红十样锦缎子，也照依姐姐描恁一双儿。我要做高底的罢。"于是取了针线筐，两个同一处做。……

"你这个，到明日使甚么云头子？"玉楼道："我比不得你们小后生，花花黎黎。我老人家了，使羊皮金缉的云头子罢。周围拿纱绿线锁出白山子儿，上白绫高底穿，好不好？"

三人一处坐下，拿起鞋扇，你瞧我的，我瞧你的，都瞧了一遍。……玉楼便道："六姐，你平白又做平底子红鞋做甚么，不如高底鞋好着。你若嫌木底子响脚，也似我用毡底子，却不好？走着又不响。"金莲道："不是穿的鞋，是睡鞋。"

兰陵笑笑生用工笔描绘出了一帧明代上流社会的妇女做鞋图，不仅笔致细腻传神，且与史实丝丝入扣，十分吻合。所谓“鞋尖儿”，乃是女性鞋头之小简称。“云头子”则因鞋变化多在鞋头，如圆头、方头、高头、小头、笏头、丛头、歧头、兽头等。“云头”因履头上翘，由前向后翻卷，形似卷云而得名。如《金瓶梅词话》第六十八回，吴银儿脚上所穿的“墨青素段云头鞋儿”，“鞋扇”则是没有缝的鞋帮。

孟玉楼所说的“高底鞋好着”，与明代出现的新样式鞋的厚底有关。江西南城明墓出土的高底鞋证实，此鞋底用粗布纳之，底长 13.5 厘米，宽 4.8 厘米，高 2.5 厘米，整个鞋高度为 10.5 厘米。女性穿这种高底鞋，当能收到临风玉树、摇曳多姿的美妙效果。这样就完全可以理解《金瓶梅词话》第六十二回李瓶儿死时的描述了：潘金莲说“她心里只爱穿那双大红遍地金鹦鹉摘桃白绫高底鞋儿”，吴月娘则主张：“你把前日门外往她嫂子家去穿的那双紫罗遍地金高底鞋，也是扣的鹦鹉摘桃鞋，寻出来与她装绑了去罢。”

高底鞋深受女性的青睐，以至于去世时也要将它穿在脚上以送终。而且为了怕“木底子响脚”，孟玉楼又提出高底鞋用毡底子，这大约是受到了明朝宫中崇尚“行无履声”的影响。而潘金莲所说的“睡鞋”，受女性喜爱更有过之而无不及。这种鞋多为绸缎制成，红色，软底，如王磐《闺中八咏》“睡鞋”散曲所说：“猩红软鞋三寸整。”有的睡鞋还在周边彩绣，内贮香料，所以更显贵重。

《金瓶梅词话》第二十八回说，潘金莲就有这样一双“大红四季花嵌八宝缎子白绫平底绣花”睡鞋丢失了，陈经济找到了这“曲似天边新月，红如退瓣莲花，把在掌中恰刚三寸”的红绣花鞋儿，以此勾搭潘金莲，因此得到了潘金莲的“一方细撮穗白绫挑线莺莺烧夜香汗巾儿”的奖赏。这正像冯梦龙在《山歌，睡鞋》中所写：“结识私情好像鞋子能，帮帮衬衬费子许多心。”

冯梦龙的本意是以女性特别喜欢的睡鞋作喻，以鞋在夜间脱去寓言分离，寓意睡鞋正相反，不在睡鞋的贵重。然而睡鞋这一样式，却因他的山歌传播得更加广泛，这应归功于文学修饰的成分，就如同明代的鞋已经可以非常巧妙地运用艺术设计而赢得大众的欢心一样。

相关文献

冯梦龙《醒世恒言·陆五汉硬留合色鞋》，人民文学出版社，1956 年。

王锜《寓圃杂记》卷五《沈通理绣鞋诗》，中华书局，1984 年。

食

果腹之功在人日用，盖与饮食相终始。

——宋应星《天工开物》

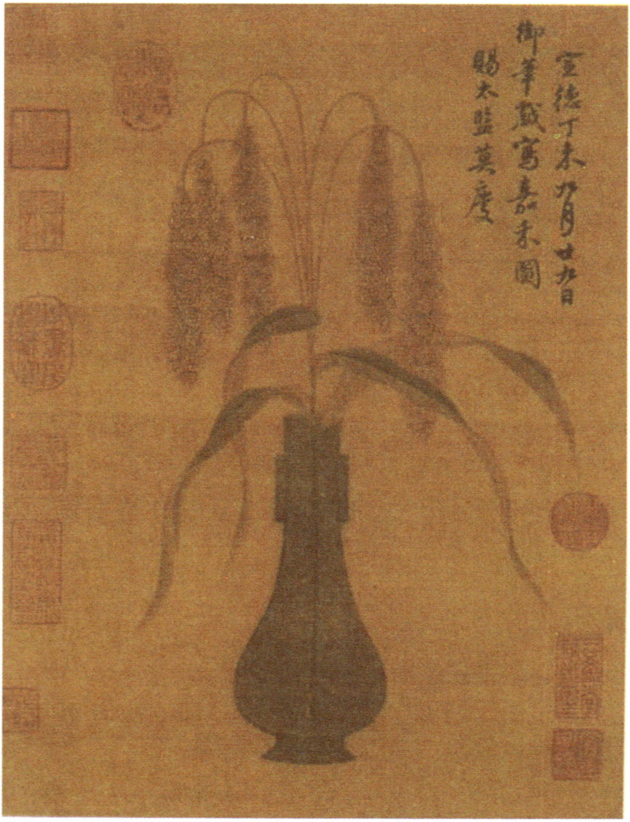

明宣宗《嘉禾图》

蔬菜野菜

在西方传教士的眼中，明代中国的蔬菜是当时世界上种类最齐全、质量最高的。意大利传教士利玛窦（Mat teo Ricci），就曾以极其羡慕的口吻这样道来：

中国气候条件的广大幅度，可以生长种类繁多的蔬菜。

食用蔬菜的种类、质量和栽培植物的种植情况也差不多，所有这些中国人使用的数量，都要比欧洲人的通常数量多得多。

葡萄牙传教士克路士（Gaspar da Cruz）也曾用类似的口吻说过明代中国：

菜园里有很多蔬菜，如大头菜、萝卜、白

菜，及各种有气味的菜、蒜、葱等等，极其丰富。

据《嘉靖建宁府志》记载，仅建宁府一地出产的可供食用的蔬菜就达五十种。稍差的延平府，在嘉靖年间也有可供食用的蔬菜三十多种。《万历福州府志》记录的当时福建出产的主要蔬菜就有：

大白菜、芥、芥蓝、白菜、油菜、胡萝卜、凫癸、莴苣、水芹、蔓菁、菠菱、苦荬、东风菜、茄、苋、芫荽、同蒿、蕨、姜、葱、韭、薤、蒜、木耳、香蕈、菌、瓜、瓠、石花菜、海藻、紫菜、鹿角菜、苔、芋……

明代江苏的蔬菜品种也有许多，如南京的蕹菜，常熟的胡萝卜，嘉定的香芋，杭州的最“补益人”的芡，娄县的菱，高邮、宝应的莲房……这些蔬菜还远销各地。色泽红嫩而甘味为上的荸荠，盛产于吴中，并作为珍品远销京城。生长在江岸的藜蒿，也由九江诸处采摘，用可装数百石粮食那样大的船装上，贩运远方。

明代江南人民还不断拓展着蔬菜的食用领域。在万历以前，江南地区还很少采食莼菜，清人则明确记载：“太湖采莼，自明万历间邹舜五始”，当时张君度为此画了《采莼图》，陈仲醇、葛震甫诸名士并有题句，一时传为佳话。

明万历以后，许多文士继承了前代文豪雅贤称道莼菜的传统，创作了数量可观的颂扬莼菜的诗词文赋。其中以袁宏道最具代表性，在他看来，西湖的莼菜在驰名的诸美食中尤美，特别是浸湘湖一带最佳，其味香粹滑柔，略如鱼髓蟹脂，但清轻远胜，比荔枝还娇脆，“唯花中之兰、果中之杨梅，可异类作配耳”。

莼菜食用的进步，在一定程度上反映了明代蔬菜食用水平的提高。这就如同现在看来非常普通的“豆芽菜”一样，在明代却由于人们对蔬菜日益增长的需求，发“豆芽菜”的方法也开始得到了推广：

捡绿豆，水浸一宿。候涨，以新水淘，控干，用芦席洒湿衬地，掺豆于上，以湿草荐覆之，其芽自长。

由于“豆芽菜”无土便可栽培，简便易行，能补蔬菜短缺时的需求，所以在明代城市里出现了许多以专门出售“豆芽菜”为生的小商贩。随着城市人口激增，商业发达，在明代城市周围涌现出大量农民和商贩，专门从事蔬菜种植和出售，以供应城市日常生活的需要，他们所处的地区也就成为了蔬菜生产的专业区。如《弘治吴江志》所描述的：

成化年间的苏州吴江县庞山村，每天晨钟初静时，青壮劳力

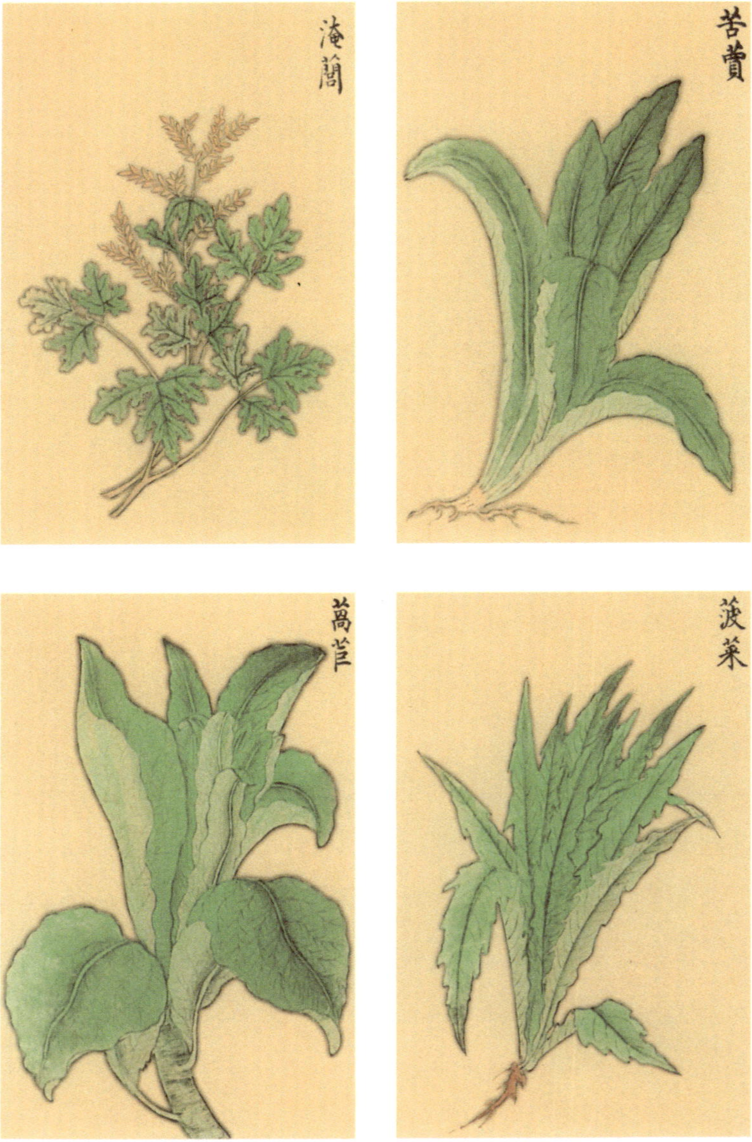

野菜图：淹蔄、苦荬、莴苣、菠菜

甚至幼童老叟，便一个接着一个，挑着满载蔬菜的担子，达数百担之多，入城变卖。

所以，作家陈铎专写了一题为《园户》的散曲：

通渠灌圃随时序，分畦引架勤培瓠。呈新献嫩依豪富，寻僧觅道供斋素。人能咬菜根，百事堪为做，诸公近日憎梁肉。

陈铎将种蔬菜的“园户”，列为明代三百六十行中的一行，表明蔬菜在明代人们的日常生活中已是非常重要了。这种重要性，在饥荒年月更显重要，几乎成了人们度过饥荒、用以活命的主要食物。食用野菜在明代也十分盛行，邵璨的《香囊记》记载的一普通百姓之家对年迈老人的供养，就是以野菜为羹的。这家的媳妇这样说：

饭已做在此，本待具些蔬肴之味，又无钱钞可买，适来在邻舍家，觅得野菜一束，做一碗羹，聊为下饭。[前腔]野园荒圃，挑摘取草蔬，露叶香可茹。翠盎盛来，暂假供匙箸。看柔丝嫩甲，未必成五俎。语云：七十非肉不饱，不是奴家不为肥甘之奉。幸亲甘淡泊，肯怨着忧葵女。蔬饭已具在此，请婆婆出来吃早膳。

由此可见，野菜又不仅仅是灾荒之年的代替食品，也是平时百姓赖以生存的食物，因此，在明代出现了如世界著名科技史家李约瑟、鲁桂珍所说的“寻找食用植物”即野菜的活动。由于各方面的努力搜寻，明代的野菜品种包括了明代以前的野菜品种，因而显得明代的野菜品种，比历史上任何一个朝代都要多，仅最为常见的叶可食的野菜就达一百六十五种之多。朱橚《救荒本草》中所记就有：

竹节菜、独扫苗、歪头菜、免儿酸、䗪蓬、蒌蒿、水莴苣、金盏菜、水辣菜、紫云菜、鸦葱、匙头菜、鸡冠菜、水蔓菁、野园荽、牛尾菜、山莴菜、绵丝菜、米蒿、山芥菜、舌头菜、紫香蒿、金盏儿花、六月菊、费菜、千屈菜、婆婆指甲菜、水苏子、风花菜、鹅儿肠、粉条儿菜、小桃红、青荚儿菜、八角菜、耐惊菜、地棠菜、鸡儿肠、雨点儿菜、白屈菜、扯根菜、草零陵香、水落黎、凉蒿菜、鲶鱼须、节节菜、野艾蒿、堇莼菜、野茴香、蝎子花菜、白蒿、野同蒿、野粉团儿、石芥、獾耳朵、回回蒜、老鹳筋、绞股蓝、山梗菜、鸡肠菜、水棘针苗、沙蓬、女娄菜、委陵菜、山蓼、葛公菜、鲫鱼鳞、珍珠菜、风轮菜、拖白练苗、透骨草、酸桶笋、山芹菜、狗筋蔓、兔儿伞、地花菜、杓儿菜、佛指甲、虎尾草、野蜀葵、蛇葡萄、星宿菜、水蓑衣、小兔儿卧单、香茶菜、铁扫帚、山小菜、羊角苗、耧斗菜、瓯菜、变豆菜、和尚菜、野西瓜苗、金刚刺、地槐菜、蚵蚾菜、独行菜、麦蓝菜、挢娘蒿、狗掉尾苗、铁杆蒿、山甜菜、地锦苗、毛连菜、尖刀儿苗、杜档归、辣辣菜、兔儿尾苗、牛妳菜、柳叶青、柳叶菜、山白菜、香菜、银条菜、后庭花、火焰菜、山葱、背韭、水荠菜、遏兰菜、牛耳朵菜、山宜菜、山苦荬、南芥菜、山蒿苣、黄鹌菜、鸾儿菜、索索丁菜、紫韭、野韭。

鲍山的《野菜博录》所记有：苦麻、春踏菜、荞麦苗、山黑

沈周《柳外春耕图》，美国纳尔逊－艾琼斯博物馆藏

豆苗、黄豆苗、赤小豆苗、油子苗、香椿菜、嫩叶青、葵菜、刀豆苗、滑胜菜、紫豇豆苗、豇豆苗、眉儿豆苗、苏子苗、水春苔、玉带春苗、雀舌菜、丝瓜苗、芝麻叶。

王磐《野菜谱》、周履靖《茹草编》、高濂《野蔌品》、屠本畯《野菜笺》及姚可成《救荒野谱》所记有：眼子菜、窝螺荠、乌兰担、雁肠子，倒灌荠、菱科、碎米荠、鹅观草、牛尾瘟、野萝卜、草鞋片、抓抓儿、莼菜。

这些野菜的食用方法，多是采摘后炸熟或水浸、去掉酸苦味，加油、盐就可以调食了。随着野菜食用的日渐推广，人们食用野菜的方法也逐渐丰富、讲究起来。《西游记》第八十六回，就有将野菜作为常蔬、佳蔬的烹调方法：

嫩焯黄花菜，酸齑白鼓丁。浮蔷马齿苋，江荠雁肠英。燕子不来香且嫩，芽儿拳小脆还青。烂煮马蓝头，白熝狗脚迹。猫耳朵，野落萆，灰条熟烂能中吃；剪刀股，牛塘利，倒灌窝螺操帚荠。碎米荠，莴菜荠，几品青香又滑腻。油炒乌英花，菱科甚可夸；蒲根菜并茭儿菜，四般近水实清华。看麦娘，娇且佳；破破纳，不穿他；苦麻台下藩篱架。雀儿绵单，猢狲脚迹；油灼灼煎来只好吃。斜蒿青蒿抱娘蒿，灯娥儿飞上板荞荞。羊耳秃，枸杞头，加上乌蓝不用油。

这些野菜，若对照以上所举“食用植物”的著作，均可找到其痕迹。而在《西游记》中，这些野菜则是作为“素席”款待客人的，野菜可精做细吃，足以登饮食大雅之堂。

相关文献

王象晋《群芳谱》，汲古阁本。

潘之恒《广菌谱》，《说郛》续本。

充足的肉食

1613年，即明万历四十一年，来自葡萄牙的曾德昭（Alvaro Semedo），十分惊讶于明代饮食生活中丰富的肉食，他在《大中国志》中说，中国人“在各地，即使小村镇，都有充足的肉食”。这显然是经过许多观察才得出的结论。

无独有偶，同样来自西方世界西班牙的门多萨（Mendoza），在《中华大帝国史》里，也以近似的笔调记述了明代中国人的肉食生活：

桌子中央整齐地摆着食物，有各种肉食、鸡和鱼。

在其余的桌子上，哪怕有二十张，他们也摆上大量各种食物，全是生的，如腌鸡、鸭、野鸭、母鸡、咸肉……腊腿，及很多别的东西。这些都摆在桌上直到宴会结束和客人离开。这时，设宴主人的奴仆收拾好这些生食物，赶在客人前把它送到客人的馆舍或住所，隆重地放在那里。

这样充足的肉食记述，给人的印象是极其深刻的。如果说这毕竟是西方人观察的肉食的表面现象，还不足以为凭的话，那就大错而特错了。在明代，中国人的确是不仅享受各种肉类食品，而且还将肉类食品当作礼物赠送给客人。这些肉食主要是猪、牛、羊、鸡、鸭、鱼等，还有野生动物的肉类食物。

虽然食用野生动物类食物逐渐在人们的肉食中占有了一席之位，但在明代的诸种肉食中，食用猪肉仍是第一位的。美食家齐如山收藏的明代两张半饭馆的菜单，其中就没有牛肉、羊肉，主要还是猪肉。正像利玛窦曾经说过的：中国的“普通人民最常吃的肉是猪肉”。

这幅鸡来自《诗经名物图解》，但不妨碍它和明代鸡一脉相承

明宋诩的《竹屿山房杂部》，也体现出了这一点。书中记载有：烹猪、蒸猪、盐酒烧猪、盐酒烹猪、爊猪、盐煎猪、酱煎猪、酱烹猪、酒烹猪、酸烹猪、猪肉饼、油煎猪、油烧猪、酱烧猪、清烧猪、蒜烧猪、藏蒸猪、藏煎猪、火猪肉、风结肉、冻猪肉、和糁蒸猪、和粉煎猪、盐猪羓、餹猪羓、油爆猪、火炙猪、手烦肉、生猪鲊、熟猪脍、熟猪肤、猪豉、炕猪等烹饪猪肉的技法多达三十三种，而这些还是优中选优筛选出来的。

由于人们偏爱猪肉食品，烹饪者就不得不挖空心思地发明出了一个品种多个制法，如盐猪羓二制、藏煎猪二制、猪肉饼三制、油煎猪二制、油烧猪二制、酱烧猪二制、清烧猪二制、藏蒸猪二制、酸烹猪二制、火炙猪二制、酱烹猪二制，可谓花样迭出，既繁且多，用以供应不同口味食者的需求。

猪肉作为肉食之首，受到人们的普遍欢迎，但其他肉类食品同样也颇受人们的喜爱。《徐霞客游记》记载，徐霞客在云南时，观察过祭祀者："奢者携一猪，就茔间火炕之而祭；贫者携一鸡，就茔间吊杀之，亦烹以祭。"这表明，当时一般百姓的生活条件虽差，但还是能享用到小型家畜类肉食的。

翻阅明代的方志资料，可以知道明代鸡、鸭、鹅的食用量也是相当大的，而且培养出了许多优良品种。像《本草纲目》记录的东北肉用型"辽阳鸡"，李诩《戒庵老人漫笔》所说的嘉定、南翔、罗店的"三黄鸡"，瞿佑赋诗赞美的可以入药、起滋补作用的江西"泰和鸡"。又如安徽西部丘陵地区和河南固始一带的

“皖白鹅”，脂多肉嫩，腌制极佳，自嘉靖时起就享有盛名，等等。

鸭则以“北京鸭”最著名。其起源是因为明成祖迁都北京后，江南稻米漕运北上，无数粮食遗漏河内，人们用散落的漕粮作饲料饲养随船运来的江苏金陵的“白色湖鸭”，以后扩大到民间饲养。由于北京四郊周围沟渠交错，稻谷丰茂，水草繁生，为适应性强、脂肪多、肉质鲜美的“北京鸭”这一品种的形成起了极大的促进作用。

当时最重要的水产肉食当属鱼类，正像门多萨（Mendoza）在《中华大帝国史》中说的：“中国对鱼的供应，是已知

明刘节《藻鱼图》，日本私人藏品

任何国家中最好的。”所谓“最好”，当然是指明代鱼的品种多、数量足。仅万历年间出版的《闽中海错疏》中记录的鱼品就达一百六十五种，这还主要是福建沿海一地的产鱼。若加之其他江海所产鱼品，明代鱼品数量之富是可想而知的。

由于鱼类等水产食物数量的丰富，使得明代人充分享受到了以鱼为主的水产食物所提供的蛋白质、脂肪、维生素和矿物质等。明末生活在浦东一隅的曾羽王，在其著作《乙酉笔记》中说到他在万历四十六七年间亲尝的海味之盛：每请客必达十余品，最美的河豚才五六分钱一副，有种裙带鱼，每斤才三厘钱。

明代鱼类之所以这样便宜，除水域辽阔鱼的产量大之外，一个重要原因是鱼类养殖业的兴盛。如明代广西横州城内，就有鱼塘三百六十处，城外和乡村更是几倍于城内，大者种鱼四五千，小者亦不下千数。这一点在广东尤为明显，从明初开始，广东农业区域就出现了将一些地势低洼、水潦频盈的土地深挖为塘，将泥土复于四周成基用来“畜鱼”的“鱼塘”。明代广东南海县的九江乡还成立了专业的“鱼苗基地”，使“今人家池塘畜鱼，其中皆出九江，谓之鱼苗，或曰鱼秧”。

葡萄牙人克路士，曾将他在明代广东广州居住时观察到的这一水产食物情况真实地写在了《中国志》这部书中：

这个地方在距海二百、三百、四百里格的内陆，有大量的海鱼，以至每天所有市场充斥鲜海鱼，那简直是奇观。但是，如果

山水团扇《渔人饮食图》

看到他们怎样以下述方式惊人的勤劳去养鱼，那就不足为奇了。要知道的是，在二月末、三月及四月的一部分，大涨潮的时候，大量的海鱼在沿海的河口产卵，因此在河口育出无数的很多品种的小鱼。为了在这个时候捕捞这些仔鱼，沿海岸所有的渔人都汇集在他们的船上，集中的船是那样多，遮盖了海面，都挤在河口。总之，来自海上的船看见它们还以为那是坚实的陆地，到接近时才发现那是什么，惊讶有那么多的渔船。我听说共汇集了两千艘船，或多点少点，我不能肯定，因为我知道没有人相信我的

明王翘《鱼藻图》

话。但既然人口那么多，当地的船也不会少，这对那些到过中国并在那里居留过的人说，并非不足信，主要因为沿海县份有无数多的渔人。那么，这些渔人捕捞到大量这种小鱼，放入用桩和结实网围成的水塘，在那里把鱼养到渔季结束。这个时期经常有很多船从中国内地各处到来（如我所说，整个中国有河流通航，因为它被大河分割和灌溉），这些船内外携带很多篮子，用油纸糊严，不漏水，反倒盛水，每艘船都尽所需地购买鱼苗，然后带着这些篮子里的鱼苗走遍内地，每天换水，有条件的人在他们的土地和家园内都在池塘里养大量的鱼，所以他们购买篮鱼。他们马上用牛粪和水牛粪喂养塘里的鱼，鱼长得很快。他们也在城濠里用同样的法子养鱼，供给官员食用。这就可以理解为什么在离海洋许多里格的地方，市场上每天都有鲜海鱼。

克路士详尽的记述，等于绘出了一幅明代鱼食全景图，使我们了解到了明代为什么鱼类那么样丰富的一个原因了。

相关文献

黄省曾《鱼经》，夷门广牍本。
刘基《多能鄙事》，嘉靖十九年（1540）刊本。

美洲食物

早在汉、唐时期，西域各地就从不同的途径，向中国输送了许多食物，如葡萄与葡萄酒、菠菜、胡芹、浑提葱之类，这些食物极大地丰富了中国人的食物种类，但尚未构成中国人食物的主要成分。至明代，玉米、番薯（地瓜）、烟草、落花生、马铃薯（土豆），纷纷从遥远的南美洲接连不断地来到中国，好像预约好了似的，这是中国古代饮食历史上一桩最有意义的大事情，也是世界饮食史上的一大“奇观”。

据史料记载，玉米、番薯、烟草、落花生、马铃薯，基本都是在明代中后期从原产地美洲，辗转于菲律宾、缅甸、朝鲜等国，最终传入中国的。值得寻味的是，玉米、番薯、烟草、落花生、马铃薯，初传中国之地，福建总占据其中、其先。这可能与福建沿海为明代中国对外

清焦秉贞《耕织诗图》第十九图

贸易交往口岸的缘故有重要的关系。

在记述这些食物传入并肯定其作用最多也最准确的，仍然是福建人士。如大家都十分熟悉的何乔远，在《闽书，番薯颂》中所说：

其初入吾闽时，值吾闽饥，得是而人足一岁。其种也，不与五谷争地，凡瘠卤沙岗皆可以长；粪治之，则加大；天雨根益奋满；即大旱不粪治，亦不失径寸围。泉人鬻之，斤不值一钱，二斤而可饱矣。于是耄者、童孺、行道鬻乞之人皆可以食，饥焉得充，多焉而不伤；至鸡犬皆食之。

从何乔远的笔下我们可以得知，番薯是正值福建闹饥荒时传入的。种植番薯，不与五谷争地，贫瘠卤沙岗地均可生长。浇粪则可加大，下雨其根益奋满。大旱不加粪治，也不失径寸。一斤不值一钱，二斤便可充饥。于是老人、儿童、乞丐，甚至鸡、犬都吃。

笔者之所以又将何乔远的记录用白话加以复述，是因为这段记述非常有代表性。在番薯传入中国以后问世的众多典籍中，著作家们用与何乔远《闽书》大致相同的笔调，展示了类似的番薯景象。如曾为崇祯朝宰相的徐光启就总结出番薯的十三大好处，即史籍常载的“十三胜”：

一亩收数十石，一胜；色白味甘，于诸种中，特绝，二胜；益人与薯蓣同功，三胜；遍地传生，剪茎作种，今年一茎，次年便可种数百亩，四胜；枝叶附地，随节生根，风雨不能侵损，五胜；可当米谷，凶年不能灾，六胜；可充笾实，七胜；可以酿酒，八胜；干久收藏，屑之旋作饼饵，胜用饧蜜，九胜；生熟皆可食，十胜；用地少而利多，易于灌溉，十一胜；春夏下种，初冬收入，枝叶极盛，草萝不容，勿用耕锄，无妨农功，十二胜；根在深土，食苗至尽，尚能复生，虫蝗无所奈何，十三胜。

如果将徐光启对番薯的评价移于玉米，也是非常合适的。玉米的生长特征与番薯极为相同。它极宜栽种、结实成熟；颗粒坚附穗心，不剥不下，易于携挑；远路袖带，冷亦可食，可抵馃粮；或舂或碾，熟食甚易；可酿酒，可蒸馍，食之易饱；单煮固可饱餐，若以粉拌麦面，米拌稻粱，煮食尤美。

由于玉米“便”“利”条件充分，故玉米的传播栽种特别迅速。据明代各省方志记载，玉米的种植很快就遍布冀、鲁、豫、陕、甘、苏、皖、广西、广东、云南等省，因此葡萄牙人曾德昭在《大中国志》中就记叙：“北方各省的主食是小麦、大麦和玉米。”

《金瓶梅词话》第三十一回，就写了迎春拿“一碟玉米面玫瑰果馅蒸饼儿与奶子吃”。第三十五回，西门庆与应伯爵等在翡翠轩喝酒，“桌上摆了许多嗄饭，吃不下，又是两大盘玉米面鹅油蒸饼儿堆集的”。这标志玉米面制品在明中后期，已成为较为普遍的食品，而且做法已较为精致。

如“玉米面鹅油蒸饼”，其法是将玉米面与小麦面掺匀，打好池子，浇入烧化的鹅油，再用开水烫，边烫边搅，略冷用手搓揉成块，待用。把搓揉好的面块，分成五大块，每块揉好擀薄，再抹上鹅油，撒上盐、花椒面，卷起出条按薄，逐块如法，待用。将搓好的椒盐坯料，放笼中，蒸二十分钟，出笼待凉后，剁成二指宽的条，摆盘上桌。其特点是：松暄油润，麻香微甜。

玉米之所以成为人们喜欢的主食，主要还是由于玉米的广泛种植。由于玉米的产量高，尤其青黄不接时，可以济荒，故极大地调动起了农民种植的积极性。如田艺蘅在《留青日札》所说：“吾乡得此种，多有种之者。”以至受其影响的地区如贵州的农民，竟不知有黍与小麦，只知种玉米。而在东北关外的各地百姓，直将玉米看作“普遍粮也”。

番薯、玉米的传入，缓解了明代由于人口的增长而产生的社会压力，使明代人口的饮食水平得到了新的提升。

烟草在这一时期也传入中国。这可以从万历末年姚旅在《露书》的记载中寻觅到相关证据：

吕宋国出一草，曰淡巴菰，一名曰醺。以火烧一头，以一头向口，烟气从管中入喉，能令人醉，且可避瘴气。有人携漳州种之，今反多于吕宋，载入其国售之。

姚旅的记述与张岱《陶庵梦忆》中对烟草的评价有异曲同工之妙：一接触讨厌，过后即思念。这真实地反映了明代人们对待烟草的矛盾心态。如果说番薯、玉米的引入，较好地解决了明代许多生活在社会下层人们的口腹之饥；而烟草则与之不同，尽管它也迅速传播开来，但烟草毕竟不是番薯、玉米那样可以充“杂粮”之用的食品，只不过是一种人们日常生活中难以割舍的用以吸食的特殊食物。

很大程度上是由于烟草所具有的“避瘴气”“防疫”的功用而引发了人们的吸食热潮。如张介宾《景岳全书》所记，在“征滇之役，师旅深入瘴地，无不染病，独一营安然无恙，问其所以，则众皆吸烟，由是遍传。今则西南一方，无分老幼，朝夕不能间矣”。

当然，吸烟还有“可以醉人”之妙，故吴伟业《绥寇纪略》中称烟草为“烟酒”，不是没有道理的。所以烟草一经传播，势不可挡。据杨士聪《玉堂荟记》记载：明天启以来，北方许多地区都种植了烟草，并达到了无人不用的地步。据李逋《蚓庵琐语》记载：明崇祯末年，在浙江嘉兴一带：虽三尺儿童，莫不食烟，风俗顿改。

如再验之出土文物，吸食烟草的风气，还可追寻到嘉靖甚至更早的正德年间。1980 年 12 月，广西博物馆文物队，在广西合浦县福成公社上窑大队口窑村，发掘清理了一座嘉靖或正德年间的斜坡式龙窑遗址，从中就曾发现了三件瓷烟斗，其中一个烟斗长3.4厘米，斗高2.3厘米，杆孔径1厘米，斗径1.5厘米。烟斗呈长方条形状，灰白胎，除底面无釉外，其余三面均施青黄釉，制作精致。参与挖掘工作的民工们曾盛烟丝入烟斗烧吸，其通气状态良好。

广西烟斗的出土，无疑证实了明代人们普遍吸烟的事实，就像明末方文《都下竹枝词》所说的那样："金丝烟是草中妖，天下何人喙不焦。闻说内廷新有禁，微醺不敢厕官僚。"方诗所说的"内廷新有禁"，是指崇祯己卯（1639）颁布的"禁烟令"，但即使如此，人们仍然还是甘冒风险啜吸不止。烟草本不是必需的日常生活食粮，但它迅速传播后，却变成了几同粮食一样重要的食物，这确是一个值得探讨的现象。

马铃薯、落花生这两种食物传入明代时，并未作为蔬菜和油料作物，而是作为粮食用的。大文学艺术家徐渭曾有诗词专门歌咏马铃薯和落花生，他直接用"土豆"为诗名，诗云：

棒实软不及，菰根旨定雌。
吴沙花落子，蜀国叶蹲鸱。
配茗人犹未，随羞箸似知。
娇颦非不赏，憔悴浣纱时。

徐渭在"土豆"名下注云："绝似吴中落花生及香芋，亦似芋而此差松甘。”徐渭的话表明，马铃薯、落花生已如优美的并蒂莲那样，引起了人们的喜爱和关注。徐渭的《渔樵词》是这样将落花生引入名食之堂的：

堆盘如菽不知名，咏物成林未著声。
只有青藤词一语，茨蔬香芋落花生。

方以智的《物理小识》中，也以“炒落花生法”，从另一角度作出响应。其法起因是落花生“生则泻人，焦则不堪，须用纸苴水浸肽，后入锅炒”，则内熟而不焦，其香如松子。这显然是由于落花生得到了人们的广泛食用后，兴起的一种最便宜、效果极佳、值得推广的吃法。

相关文献

徐光启撰，石汉声校注《农政全书校注》，上海古籍出版社，1979 年。
《正德颍州志》，天一阁藏明代方志选刊本。

茶酒与文学

大凡一种饮食能快速发展，固然有其本身的因素，如茶的轻身明目，酒的解烦除乏，但相当重要的一个因素，也得益于文学作品的鼓吹。如明传奇《青衫记》中，就出现了腰缠万贯、专门收购茶叶的商人形象，他自称：

“我本江湖经贩侣，倜傥风流堪自许。腰缠十万上扬州，引带三千来顾渚。”由此看来，在当时茶叶经营正成为时尚商品。而茶商所说“凤团雀舌龙陂茶，仙芽瑞草敷春花。阴林阳谷恣收采，羽经晖赋真非夸”，则展示了顾渚一地众多的茶品，宜饮的茶氛围，令人既惊奇又羡慕。

由于茶叶作为商品而被纳入商业轨道运行，故明代一些生长于远地高峰的茶叶价格也十分昂贵。像端州百云山，其顶有湖，湖与山相接，

翟大坤《江南春》局部：好山好水的明代江南，向为文士纵情茶酒与文学创作的灵感之乡

故出云独奇，山上绝壁的莳茶，采摘不过一石多，价钱可值百金，许多文学作品即根据这类现象加以构思。如《金瓶梅词话》中的应伯爵，就曾吟咏过一首《朝天子》的歪诗，称赞他们所饮一种香味四溢“盐笋芝麻木樨泡茶”的名贵：

这细茶的嫩芽，生长在春风下。不揪不采叶儿楂，但煮着颜色大，绝品清奇，难描难画。口儿里常时呷，醉了时想他，醒来时爱他，原来一篓儿千金价。

真是一语道破天机，应伯爵之所以唱出醉了、醒了都想这茶叶，主要还是这种茶叶价钱昂贵的缘故。

明代茶叶生产之所以兴盛，主要是茶叶商品贸易的发展在起主导作用。自永乐年间设“茶马御史”以来，茶叶逐渐成为明朝销往海外的大宗商品。据史料记载，盛产茶叶的安徽，每逢春末采茶时节，“男妇错杂，歌声满谷，日夜力作不休。富商大贾，骑从布野，倾橐以质，百货骈集，开市列肆，亦山中盛事”。采摘下来的茶叶，立即被商贾收购，转销于各地市场。《橙杨散志》所说的歙县商人贩茶，北达燕京，南及广东，获利颇巨，足可验证小说、戏剧中茶叶、茶商的描写是真实的，有充分根据的。

茶叶的丰盛，必然带来品饮风气的高涨，随之而来的就是各种类型茶坊的开设。范受益在《寻亲记》中所描写的茶坊，可以看作是明代茶坊的缩影。其中茶博士这样唱道：

开设茶坊，声名满四方。煎茶得法，非咱胡调谎。官员来往，招待日夜忙。卢仝陆羽，也来此处尝。自家生居柳市，业在茶坊，器皿精奇，铺排洒落，招接的都是十洲三岛客，应付的俱是四海五湖宾，来千去万。

通过茶博士的自白不难想见，明代饮茶在大众中已经非常普及了。《儒林外史》第二十四回，对明代南京的饮茶情况有较为详细的描述："大街小巷，合共起来，大小酒楼有六七百座，茶社有一千余处。不论你走到一个僻巷里面，总有一个地方悬着灯笼卖茶，插着时鲜花朵，烹着上好的雨水，茶社里坐满了吃茶的人。"

茶社与吃茶人的庞大规模，势必会触发着文学家这方面的情思，张岱就曾为一位开茶馆的朋友写过一篇《斗茶檄》，亦雅亦谐："瓜子炒豆，何须瑞草桥边；橘柚查梨，出自仲山圃内。八功德水，无过甘滑香洁清凉；七家常事，不管柴米油盐酱醋。一日何可少此，子猷竹庶可齐名；七碗吃不得了，卢仝茶不算知味。"其风趣机敏，诚为明代饮茶文学的佳品。

好茶与饮茶极大地丰富了明人的日常生活内容，这就如同好酒与饮酒已成为明人的重要生活内容一样。杨尔曾在《韩湘子全传》中，就借两位"当直"与韩湘子的对话，宣传了这样的主张：

陈洪绶《松溪品茗图》

酒是仪狄所造，好者甘香清冽，称为青州从事；恶者浑浊淡酸，号为鬲上督邮。春时有翠叶红花，可以赏心乐事；夏时有凉亭水阁，可以避暑承阴；秋时有菊蕊桂香，可以手挼鼻嗅；冬时有深山霁雪，可以逸性陶情。趁着四时的景物鲜妍，携樽挈榼，邀二三知己友人，吆三喝五，掷绿推红，履舄杂还，觥筹交错，那时节百虑俱捐，万愁都卸。这才是“断送一生惟有，破除万事无过。远山横黛蘸秋波，不饮旁人笑我”。

以优美的文学语言，大肆渲染酒的好处，彰显了以承载广大市民意趣为主旨的小说家的文学观念，已深寓着对酒的价值肯定和热衷取向。相对于另一大宗反映市民喜怒哀乐的文学样式——戏剧，亦不甘落后，像无心子《金雀记》，就归纳了饮酒的十大好处，堂而皇之地加以鼓吹：

饮一杯精神康健，饮二杯筋力不衰，饮三杯有喜有庆，饮四

金錾八仙故事八方盂（明代万贵墓出土）

八方盘（明代万贵墓出土）

文徵明《西园雅集图》

杯无病无灾，饮五杯朱颜不改，饮六杯世不白头，饮七杯增福增寿，饮八杯灭罪消灾，饮九杯官居一品，饮十杯挂印封侯。

小说、戏剧与酒的结缘，使并非日常生活必需品的酒，摄人了强烈的娱乐性，被人民群众广泛传扬歌咏，并渐演为酒令之类较为固定的饮酒文学娱乐样式。众所周知，酒令并非明代所创，有相当多的酒令是历史上流传下来的。如果说明代饮酒与前代饮酒确有不同特点的话，那就是明代饮酒时文学通俗的色彩更浓，使酒令更加普及。

在明代，几乎各行各业都有饮酒者用于自娱而自创的酒令。如《蔡瑞虹忍辱报仇》这篇小说中，描写的就是宣德年间淮安府蔡武指挥所作的酒令：

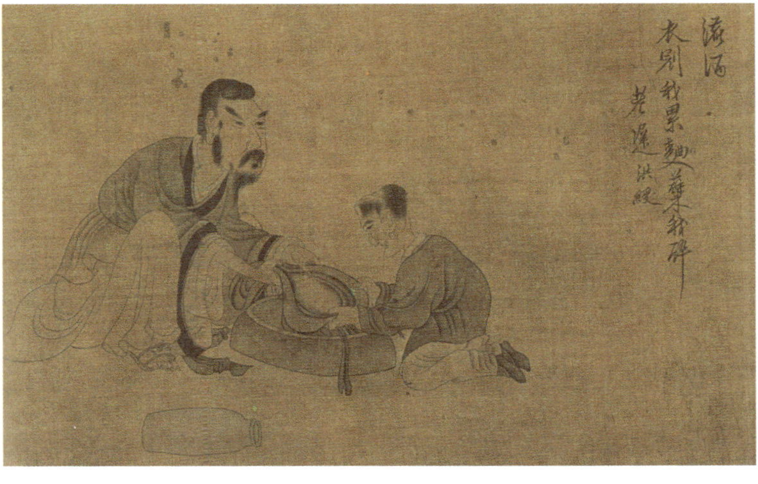

陈洪绶《灌酒图》

老夫性与命，全靠水边酉。宁可不吃饭，岂可不饮酒。

今听汝忠言，节饮知谨守。每常十遍饮，今番一加九。

每常饮十升，今番只一斗。每常一气吞，今番分两口。

每常床上饮，今番地下走。每常到三更，今番二更后。

再要裁减时，性命不值狗。

自制酒令，树立自身的独特形象，它所带来的是酒令的世俗之风遍及社会的每一阶层，任何身份的人都可以酒令宣泄自己的思想感情。沈受先《三元记》第七出《饯行》就呈现出这样一幅场景：

商人自说：若做经纪，贼心便起。贱买贵卖，损人利己。阳货曰：为富不仁矣，为仁不富矣。

教书先生自说：坐着一片冷板，生涯四季束脩。消尽平生之壮气，结成童稚之冤仇。子曰：温故而知新，可以为师矣。

卖药郎中自说：药依方撮，脉用手按。有活人之心，而无活人手段；无死人之心，而有死人之手段。书曰：若药不瞑，厥疾不瘳。

算命先生自说：推造虽是死法，讲命自有活套。科举之后一宿，秋收之时又到。子曰：不知命，无以为君子也。

假如有人在饮酒时茫然不知酒令，就会受到类似于浮白斋主人在《雅虐》所言的不知酒令不能称为君子之类的嘲讽。所以，即使是不学无术的人，也要学上一点酒令常识，在酒席上说一套酒令以充风雅，就像《金瓶梅词话》中应伯爵的自白那样，“我在下一个字也不识，行个急口令罢”：

一个急急脚脚的老小，左手拿着一个黄豆巴斗，右手拿着一条绵花叉口，望前只管跑走，撞着一个黄白花狗，咬着那绵花叉口，那急急脚脚的老小，放下那左手提的那黄豆巴斗，走向前去打黄白花狗，不知手斗过那狗，狗斗过那手！

此令无甚内容，但仍惹起了西门庆的“笑骂”，可见吸收民间文学语言游戏而创制的这等酒令，还是能勾起饮酒者兴趣的。诗词文赋涉足于酒的领地，更使饮酒活动变得耐人寻味和多姿多彩。

如天然痴叟《石点头》中述一大户人家中秋设酒宴于一园池上，适有两只鸳鸯，从夜空飞下，有人提议，月光明净、文鸟嘤鸣，正好入咏，可取古人诗一句，中间要鸟、月两字，作一酒尾。一人说道：“叫月杜鹃喉舌冷。”一个接口道：“子规枝上三月更。”一人言：“鸳鸯湖上烟雨楼。”一位请教末一酒令句出在何诗，吟此酒令句者回答道：“二兄所咏，一出苏子瞻，一出苏子美。但只言鸟月，并不及鸳鸯，所以特造此句，虽非古作，却有根据。鸳鸯湖，在嘉兴府南门外；烟雨楼，即在鸳鸯湖上，自

陈洪绶《蕉林酌酒图》局部

我作古，却不好耶？”

这种雅致的酒令行起来后，使饮酒者心悦不已，饮酒更欢。它表明，酒令单纯为饮酒而设的主导功能逐渐消退，酒令已变为有所寄寓，文学人主，大大提升了饮酒的品位。

相关文献

许次纾《茶疏》，宝颜堂秘笈本。

陈继儒《茶董补》，海山仙馆丛书本。

袁宏道《觞政》，广百川学海本。

饮食器具拾零

提及明代饮食器具，人们往往首推瓷碗碟盘、紫砂壶，但是如果没有竹、葫芦、漆、锡及轻便器具，明代饮食器具的体系则无法构成。从这个角度上说，竹、葫芦、漆、锡及轻便器具，又好似一粒粒散落的珍珠，只有将其拾起串连，才会使明代的饮食器具迸放出更加炫目的光芒。

先说“竹器”。在类似于明代日用百科全书《新刻徽郡原板诸书直音世事通考》里，将其划分为刷帚、淘箩、粉箩、细筛、簸箕、菜篮、竹筷等类别。《天水冰山录》所记的竹制饮食器具数量、种类更加可观，有竹丝盒二百一十个、竹丝旧攒盒

万历皇帝专用玉执壶

明剔红山水人物二撞提匣
明剔红山水人物 二撞提匣盖面

二百七十五个、竹丝酒碟六百五十一个、竹丝茶钟二百二十个、竹丝果罩二百个、斑竹筷五千九百三十一双。明代竹制饮食器具的数量、品种既大又多，于此可见一斑。

明代竹器制作最出名者，当属南京的濮仲谦。当时，人们都想得到他制作的竹器，所以他做的即便是一帚一刷类小竹器，都能卖到很高的价钱。南京三山街一带，靠贩卖濮仲谦制作竹器发家致富的就有数十人。濮仲谦自认为最得意的作品，是用天然盘根错节的竹子制成的器具。北京故宫博物院藏濮仲谦竹根雕松树小壶，枝叶曲屈自如，刀法精熟，就是他天然竹根制品的代表作。浙江嘉兴严望云，用竹根制成的竹杯，形状如荷叶，旁雕蟹和莲房，也堪称一绝。

明代饮食器具中，“葫芦器具”的制作数量、品种也很多。目前尚无确凿史料证明，在明以前有“葫芦器具”，日本流传的“唐八臣瓢”的制作年代，尚待考实。文献所披露最早的“葫芦器具”制作，是明代的《五杂俎》。那是谢肇淛在市场戏剧中见到的：

方形葫芦器具，还有突起成字为一首诗的葫芦器具。谢肇淛认为，这是葫芦生时用板夹长成的，不值得奇怪。这证实了明朝“葫芦器具”，已采取了“范制”法。即在葫芦生长过程中，事先用器模包在外面，渐长渐满，遂成器形。这种用器模限制葫芦生长成器的方法，可以制成杯、盘、碗等不同的器具，当然是没有什么可奇怪的了。

紫砂雕漆四方壶

明代江南地区平民置放饮食
器皿的橱柜

“葫芦器具”的另一种制法，是待葫芦成熟后再进行加工制作，尽改葫芦原有的形态。在这方面，明崇祯年间的浙江嘉兴人巢鸣盛可为代表。他在住所四周，种了十多种葫芦，自己所用的各色器具，大部分用葫芦制成。据说，闻名遐迩的“匏尊”，就是巢鸣盛创始的。

其实，早于巢鸣盛的屠隆，就在其著作《游具雅编》中，记载了这种“葫芦酒樽”的精巧技艺：明万历年间的“葫芦酒樽”，用“大小二匏”做成，“中腰以竹木旋带为榫，上下相连，坚以布漆，顶开一孔，如上式。但不用足，口上开一小孔，并盖子口，透穿横插铜销，用小销闭之”。另一扁形的“太极尊”酒葫芦，“上凿一孔，以竹木旋口，黏以竹足，竖以漆布内，以生漆灌之，凡二次，酒贮不朽，且免沁湮”。这样的葫芦酒具，既卫

明大理石心小食桌

生又轻巧，自然被图形绘影，载入书籍，向世人推荐。

明代雕漆器具，也是极为流行的饮食器具种类。雕漆饮食器具的制作，最早集中制作地为永乐年间宫廷在京城设立的专制雕漆器具的“果园厂”。据高士奇《金鳌退食笔记》记载：其制作是用金、银、锡、木为胎，有剔红、填漆二种，所制盘盒不一。剔红盒，有蔗段、蒸饼、河西、三撞、两撞等式。蔗段人物为上，蒸饼花草为次。盘有圆、方、八角、绦环、四角、牡丹瓣等式，匣有长方、二撞、三撞四式。其次，朱漆三十六次，镂以细锦，底漆黑亮，针刻“大明永乐年制”行款。

明代皇室对雕漆饮食器具非常喜爱，据徐树丕《识小录》记载，为了满足对这种器具的需求，有的皇帝还特地从素有制作漆器传统的云南招来一位精于制作的漆器艺人，拘入“果园厂”

明黄花梨酒桌

内，辛劳一生，至死而未能归骨还乡。

雕漆饮食器具之所以在明代受到欢迎，主要还是因为其具有抗热、耐酸、耐碱、耐潮、耐磨等天然特性，既坚实异常，又可经久延年。像福建永春县的漆篮，最大的格篮高一尺四寸，连底一共分成四层，每层可放五只碗。制作紧密，层与层之间衔接无缝，即使盛放流质食物，也不易外溢。通常家庭日用漆器如“金朵堆花”的漆篮，轻便、美观、耐用，一般能用六七十年不坏。

一些漆器不单用朱、用胎精美，而且款文尤其出色。如底刻“永乐年制”款，用针刻，填上黑漆；“宣德年制”款，用刀刻，填上金屑；这是宋、元时代所没有的。明代遗留下来的许多雕漆饮食器具，往往还体现出高超的艺术格调。如永乐年间的“剔红牡丹纹盘”，盘中牡丹盛开，花心是四方花锦纹，花瓣向外张开，牡丹枝叶，相互掩映；穿枝过梗，叶下有枝，叶下藏花压叶，密布全盘。枝叶的空疏间隙透出黄素漆地，整个图案不露雕刻痕迹，花本、枝梗处理得光滑圆润，宛若天成。

由于极度偏爱，明代皇帝也将雕漆饮食器具作为贵重礼品赠给异邦。明永乐二年（1404）五月，明政府派遣赵明任去日本，在带去的礼物中就有大量的雕漆饮食器具，包括雕漆盒三个、盘十四个、雕漆香碟二副、桌器二桌，每桌碟十六个、碗五个。

社会生活中，雕漆饮食器具的使用也比较广泛，特别是在贵族之家更是盛行。像严嵩家，仅雕漆盒、盘就有二百三十个，雕漆描金盘、盒达五百三十一个，漆筷有九千五百一十双之多。

《金瓶梅词话》则为我们展示了一幅使用雕漆饮食器具的形象场景：

第十三回：李瓶儿让丫环拿“雕漆茶钟”泡茶给西门庆喝。第三十五回：西门庆家的棋童儿用“云南玛瑙雕漆方盘”，端茶招待客人。第六十七回：西门庆的画童用“彩漆方盒、银厢雕漆茶钟”，盛放酥油白糖熬的牛奶，等等。如果我们将其与明代其他典籍中记载的雕漆饮食器具种类相参照，就可以了解到明代的雕漆饮食器具大致可分为：果盒、馔盒、酒箱、食箱、茶盘、漆碗、食篓、食盒、漆盘、雕漆杯等大类。

雕漆饮食器具之外，明朝人还使用锡制的饮食器具，较有

陈洪绶《碧筒劝饮酒图》

代表性的是锡壶。杨复吉《梦兰琐笔》中就有“以青布袜锡作器用，久则起橘皮纹，嘉兴黄锡”一说。张岱则认为“宜兴砂壶”和“锡壶”，价值轻重相等，“一砂罐、一锡注，直跻之商彝、周鼎之列，而毫无惭色”。杨复吉曾将举其盖就能翕起全壶的时大彬的砂壶，与黄元吉的锡壶比较，认为黄制锡壶的工艺水平也毫不逊色。而谢堃《金玉琐碎》所总结的明代制作锡壶的名手归复，其技艺更妙：以生锡困光壶身，用檀木作壶把，用玉作壶嘴和盖顶。壶内放了茶，即使在夏季隔了夜，也不会有宿味。

各色饮食器具均十分出色，明人便精心设计出集诸种饮食器具于一身的“轻便器具”。文学家屠隆详实地将其记录于《游具雅编》中：如山里人携以饮泉水用的“瘿瓢”，大不过四五寸，小者仅一半，若用水磨其中，布擦其外，光彩如漆，明亮照人，水湿不变，尘污不染。还有一种可以折合的“叠桌”，一张高一尺六寸，长三尺一寸，宽二尺四寸，作二面，折脚活法，展则成桌，叠则成匣，以便携带。席地用此叠桌，可供酬酢。

另有一种深大的“提炉”，高一尺八寸，宽一尺，长一尺二寸，作三撞，下层一格如方匣内，用铜造水火炉，身如匣方，坐嵌匣内，中分二孔，左孔主火，置茶壶，以供茶；右孔注汤，置一桶子小锅，有盖，炖汤，中煮酒。长日午余，此锅可煮粥供客，傍凿小孔出灰进风。其壶、锅回出炉格，上太露不雅，外作如下格方匣一格，但不用底以罩之，使壶、锅不外见，一虚一实，共二格，上加一格置底，盖以装炭，总共三格，成一架，上

明花鸟纹雕漆三层提盒

可以簖关。这一“提炉”，设计精巧，注意表面观感，虚实照应，具有很强的艺术性。

还有一种实用性很强的“攒盒”，亦为“轻便饮食器具”中的佼佼者。其制是在盒内分成不同形状的格子，将各种食物集中“攒”为一盒。其构造如《金瓶梅词话》二十七回中的西门庆揭开仆人送来的“攒盒”：“里面攒就的八槅细巧果菜”，或糟鹅胗掌……或木樨银鱼鲊，或劈晒雏鸡脯翅儿，或鲜莲子儿，或新核桃穰儿，或鲜菱角、鲜荸荠，或银素儿葡萄酒，每槅一样，撩人眼花。第四十二回还有：元夕之夜，棋童儿和排军，抬着四个“攒盒”送到西门庆款待客人的食桌旁。由此可见，“攒盒”中还有专门制作的大“攒盒”。

由于“攒盒”既可以携带外出游宴，又可以在较大的范围内招迎许多宴客享用饮食，适用于社会各阶层，所以，很快就纳入了商业的轨道运行。据范濂称：“攒盒”之始，止于仕宦人家之用，后来则仆夫龟子也都用之游玩宴饮了。于是，郡城内外设立了“装攒盒店”。饮食因器具更加美味，器具因饮食更加美观，二者完美地结合在一起，又给明代的饮食生活增添了一片动人心弦的丽影。

相关文献

王圻《三才图会》，上海古籍出版社，1988 年。
王世襄《髹饰录解说》，文物出版社，1998 年。

张岱的美食

美食家是饮食水平发展到一定历史阶段而形成的较高“结晶”者，他往往引领时代饮食风气之先，集一个时期饮食之美于一身，他的出现是和时代、地域、自然物质基础和生活环境条件密切相关的。生长于明中、后期江南的张岱，就是这样一位美食家的佼佼者。

张岱所具备美食家的首要条件，是他生长在一个祖、父辈均为官僚的仕宦之家，而且未中过科举，亦未谋得官职，所以他既有优厚的经济作后盾，又有大量的空闲时光来保障，使得他能在一种十分舒心的生活境况中，展开对美食的追求。

张岱在《陶庵梦忆》中不无得意地描述其住地：居处鱼宕，横亘三百余亩，多种菱芡。小菱如姜芽，可以采食，嫩如莲实，香似建兰，无任何滋味可以匹敌。深秋，经霜的橘子，不到个个红绽时，不轻下剪。冬季观鱼，鱼艓鳞次栉比，以网捕鱼，寸鲵纤纤，无不毕出。

住地宽阔、舒适，这是成就美食家的一个最基本的条件，与张岱同时代的那些贵族们，亦无不如此。但他们之所以未能成为张岱，主要是缺乏张岱那样的文化修养，所以无法营造出那种张岱的悦目、赏心、福口、益身的美食氛围。如果看看张岱的个人经历，就会清楚这一点。

张岱曾表白自己的爱好：好精舍，好美婢，好娈童，好鲜衣，好美食，好骏马，好华灯，好烟火，好梨园，好鼓吹，好古董，好花鸟，兼以茶淫橘虐、书蠹诗魔，等等。

所有游戏娱乐样式——诗词歌赋，书画琴棋，笙箫弦管，蹴鞠弹棋，博陆斗牌，使枪弄棍，射箭走马，挝鼓唱曲，傅粉登场，说书谐谑，拨阮投壶……张岱都能用“匠意”从事，无不琢磨得工巧入神。

张岱亲建一大间书屋，以“梅花”命名，旁广耳室如纱幮，设卧榻。前后空地，后墙坛其趾，西瓜瓤大牡丹三株，花出墙上，岁满三百余朵。坛前西府二树，花时，积三尺香雪。前四壁稍高，对面砌石台，插太湖石数峰，西溪梅骨古劲，滇茶数茎妩媚，其旁梅根种西番莲，缠绕如缨络。窗外竹棚，密宝襄盖之。阶下翠草深三尺，秋海棠疏疏杂入。这样美妙的环境，张岱当然要声称：“非高流佳客，不得辄入。”

钱穀《小祇园图》首页，台北故宫博物院藏

张岱家还以藏书三万余卷，名闻江南望族。这是由于张岱的祖、父辈均博通经史文学。张岱受其影响，也写一手好散文，见解独到，充满睿智，语言如行云流水，布局似险峰奇拔。游志肖形，传记若生……取公安、竟陵文采之长，集晚明小品精粹之大成。

张岱憧憬个性释放，要求“纵壑开樊”，解除各种束缚生灵的桎梏，而使“物性自遂”。他十分厌恶攻读经书、程朱理学，主张“不读朱注”，提倡独立钻研、精思静悟。张岱还将砂罐、锡注抬高到与商彝、周鼎这类古名器物比肩的位置，给予“毫无

张岱美食活动，可从《西园雅集图》寻其踪影

惭色”的评价；并把饮食提高到“帝王家法”也不能例外的重要地位，这与士大夫通常所尊崇的“治国平天下”的思想是完全不同的。

张岱酷爱游历，到处寻胜探幽，足迹几乎遍及全国各地，不断变换自己的生活场景。但较多的是经常来往于杭州、苏州、扬州、南京等繁华都市，并不时远足于泰山等古迹，投身于风情万种的大自然怀抱中。

张岱常以一人为“主持”，备好小船、坐毡、茶点、盏筷、香炉、薪米，约请游玩的每个人，也要自备一簋、一壶、二小菜，游无定所，出无常期，客无限数。超过六人，便分坐二只船，要是量大，则自携多酿，边吃边玩。

张岱在《游山小启》中，用抒情的笔调对这种游玩方式总

结云：

幸生胜地，鞋靸下饶有山川；喜作闲人，酒席间只谈风月。野航恰受，不逾两三；便榼随行，各携一二。僧上凫下，觞止茗生。谈笑杂以诙谐，陶写赖此丝竹。兴来即出，可趁樵风；日暮辄归，不因剡雪。愿邀同志，用续前游。

尤其是在秋天，张岱就仿照虎丘故事，聚朋友去蕺山亭。他们携斗酒、五簋、十蔬果、红毡，席地鳞次铺排而坐，甚至随从都有一席坐地。在席的人可达七百多，能唱歌的百余人，同声唱“澄湖万顷”，声如潮涌，山为雷动。诸酒徒哄饮，酒行如泉。夜深人饥，便借寺内大锅煮饭吃。又有伎艺人在山亭演剧，观者千余，直至四鼓方散。

这时，月光泼地如水，人在月光中，濯濯如新浴。夜半，白云冉冉升起在脚下，前山俱失，香炉、鹅鼻、天柱诸峰，仅露髻尖而已。

在这种意境中饮食，更增添了美食情趣。

明代才子袁中道曾组织“酒社”，提倡饮酒不忘品饮酒者的德量，从而引导更多的士大夫参与美的饮食活动中，以形成美食的群体意识。张岱深受这种“结社”风尚的影响，在社团活动和酬唱中引进了饮食活动，十分庄重地将饮食当成一门学问来

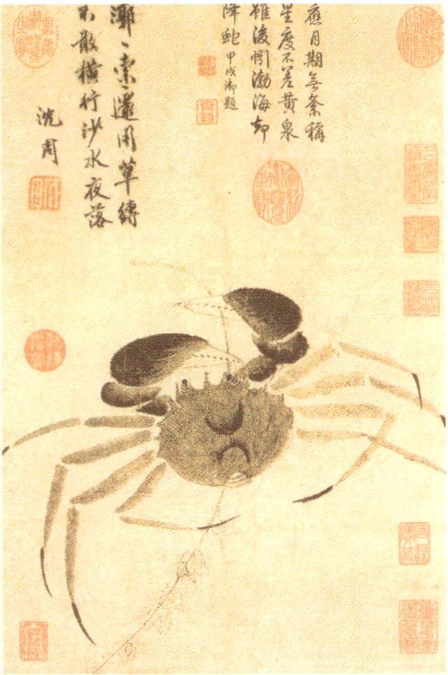

沈周《郭索图》中的食蟹

研究。

如每到十月，张岱便与友人兄弟辈组成“蟹会”吃蟹。这时的河蟹尤为肥美：壳大如盘，坟起，尤其是紫螯巨如拳，小脚肉出，油像蚓蜑一样。掀其壳，膏腻堆积如玉脂珀屑，团结不散，其甘腴味道胜过“八珍”。

所有参与“蟹会”的人，每人可分六只蟹，为免冷腥，便叠翻煮着吃。辅助的食物则有肥腊鸭、牛乳酪、用鸭汁煮的如琥珀的醉蚶、如玉版的白菜，水果有谢橘、风栗、风菱，蔬菜有兵坑笋，饮用玉壶冰，饭用新余的杭白米，漱口用兰雪茶，等等。

这些食物并非特殊稀奇，但经张岱搭配在一起，立显美的品位，这也是张岱长期烂熟美食于心的结果。张岱曾这样自诩说：“越中清馋，无过余者。”张岱喜吃的“方物”，多是各地美食，统计起来有：

北京的蘋婆果、黄鼠、马牙松。山东的羊肚菜、秋白梨、文官果、甜子。福建的福橘、福橘饼、牛皮糖、红腐乳，江西的青根、丰城脯，山西的天花菜，苏州的带骨泡螺、山查丁、山查糕、松子糖、白圆、橄榄脯，嘉兴的马交鱼脯、陶庄黄雀，南京的套樱桃、桃门枣、地栗团、莴笋团、山查糖，杭州的西瓜、鸡豆子、花下藕、韭芽、玄笋、糖栖、蜜橘，萧山的杨梅、莼菜、鸠鸟、青鲫、方柿，诸暨的香狸、樱桃、虎栗，嵊县的蕨粉、细榧、龙游糖，临海的枕头瓜，台州的瓦楞蚶、江瑶柱，浦江的火肉，东阳的南枣，山阴的破塘笋、谢橘、独山菱、河蟹、三江屯

明十竹斋书画谱《果谱》

蛏、白蛤、江鱼、鲥鱼、里河鰦，等等。

而且，被孤芳自赏的雅士们看作“俗物”的蘋果、枣子、菱藕、佛手、河蟹、火腿、白鲞等，张岱却偏偏以此为对象，并用诗描写成无比的美味，向人们赞扬、推荐。如他形容杭州的花下藕：“雪腴岁月色，璧润杂冰光。”绍兴的独山菱角：“花擎八月雪，壳卸一江枫。”福建的佛手柑：“岳耸春纤指，波皴金粟身。”定海的江瑶柱：“柱合珠为母，瑶分玉是雏。”瓜步的河豚：“干城二卵滑，白璧十双纤。”金华的火腿：“珊瑚同肉软，琥珀并脂明。”

绚丽而又飘香的诗句，使人深深陶醉于张岱所营造出的饮食意境之美中。就如同张岱记叙一位精通茶食的闵汶水先生，可窥其美食观念一样：

闵汶水煮茶迅如风雨，其茶室窗明几净，荆溪壶、成宣窑瓷瓯，十余种器皿皆精绝。灯下看茶色，与瓷瓯无别而香气逼人。闵汶水泡茶之水乃取自“惠泉”。他先将井淘了，静夜等新泉到才汲取。张岱品出闵汶水所泡茶是“罗岕”，香扑烈，味特别浑厚的是春茶，向沦者是秋采的，博得了闵汶水“精赏鉴者无客比”的赞颂。

张岱写闵汶水，实则将自己也化入其中，更显现出了其经过长期磨炼，已达到相当高修养的美食家形象。

相关文献

朱权《神隐》，日本浅草文库中国食经丛书本。

佚名《墨娥小录》，隆庆五年（1571）吴氏聚好堂刻本。

日常食俗

人们所熟悉的传统相声《珍珠翡翠白玉汤》，说的是朱元璋当上皇帝之后，欲喝他逃难时两个乞丐送给他的由白菜帮、菠菜叶、剩饭锅巴碎米粒、馊豆腐等杂合煮成的汤……这一相声显然来源于后世的传说，其出发点可能根据朱元璋执政节俭而发，意在对明代中后期泛起的奢侈食风劝讽抨击，但客观上却反映出了，即使身为一国之君的朱元璋，仍对民间所谓的“珍珠翡翠白玉汤”难以忘怀，而且要以此汤排御宴，宴群臣，虽为笑谈，但恰如其分地反衬出了明代最高当权者对民间饮食习俗的认同。

其实，明朝宫廷也有其独特的食俗，不过这些饮食习俗也是按通行的汉民族统一的食俗中规中矩。《酌中志》就记述了明宫廷食俗的一些情况：

李士达《花村称庆图》

一月，割鸡、豚，炊面饼杂以生菜、青韭、羊角葱，兼生食水萝卜，唤为“咬春”。

二月，黍面枣糕，用油煎之，或白面和稀，摊为煎饼，叫作“熏饼”。

三月，吃凉饼，吃补虚损的雄猪腰子。

四月，尝樱桃，以示此岁诸果新味之始。取新麦穗煮熟，剁去芒壳，磨成细条吃，名曰“稔转”，以尝此岁五谷新味之始。

五月，饮朱砂、雄黄、菖蒲酒，吃粽子。

六月，吃“过水面”，嚼藕之新嫩芽的“银苗菜”。

宫廷食礼

七月，十五日这天进供佛波罗蜜，吃鲥鱼，为盛会。

八月，吃月饼，造新酒，吃蟹：活洗净蒸熟，蘸醋、蒜以佐酒，剔蟹胸骨八路整如蝴蝶式者，以示巧。

九月，登高吃迎霜麻辣兔，饮菊花酒，制诸菜蔬。

十月，吃羊肉。

十一月，糟腌猪蹄尾、鹅腕掌、羊肉包、扁食、馄饨，以此为阳生之义。每日清晨吃辣汤、饮浑酒，以御寒。

十二月，初八日吃“腊八粥”。二十四日，祭灶，蒸点心。三十日，守岁。

从岁时节令着眼，无论是宫廷还是民间，均要遵从岁时节令的规律而定制食俗。如元旦的喝春酒，春节的吃饺子，上元的“团圆”丸，上巳、寒食用嫩如卷耳的芦蒿之类合米粉做果吃，清明的携食扫墓游春，填仓时吃油煎面饼，端午的吃角黍、饮菖蒲酒，伏日的储水、窨曲酱，中秋的赏月酒肴，重阳做花糕互相馈送、酿菊花酒，冬至用屑米做“冬至圆”，除夕家人给鱼肉的“散羹”，等等。

沿袭成习的食俗，可以说地无分南北，人无分老幼，都须遵循。不同的是，明宫廷食俗较之民间食俗，更注重岁时节令食俗的“示范性”，更注重“养生性”和天下第一的“尊贵性”。而民间的岁时节令则大体相同，差异是因地域而又呈现出变化，却也愈益衬托明代食俗的摇曳多姿。如上元，在《嘉靖常德郡志》就如此记述：

各家以椒为汤，入荠菜、糤果诸物，人至而饮之，谓之“时汤”。又作面窝如鸡子大者十二，以象十二月，每窝标记某月，用甑蒸之如炊饭，然久之取视水浅深有无，以稽某月之水旱，悉多有验。

又如《嘉靖尉氏县志》载，其地每年都在春分、秋分、腊月酿酒。所用汲井水，浆米作糜，其水贮存逾数月不坏。另多用曲作“酿酒脚”，留为其他月份酿酒用。无论春分、秋分、腊月，均沿其制，故形成了“邻境绝无是制”的特殊食俗。

徐霞客在丽江参加的少数民族宴会：除了白葡萄、龙眼、荔枝等果品外，还有一种“酥饼油线”糕点，这糕点制作得细若发丝，中缠松子肉片，非常松脆。另一种叫“发耘”的食品，竟是“白耘为丝，细过于发，千条万缕，合揉为一，以细面拌之”，味道甜而不腻。

这类精致食品，在汉族食俗中间也不常见。而且，即使少数民族宴席，也可排出与汉族食饮规格媲美的场面：

南国腥唇烧豹，北来黄鼠驼蹄。水穷瑶柱海僧肥。脍落霜刀细细。翅剪鲨鱼两腋，髓分白凤双栖。荔枝龙眼岂为奇。琐琐葡萄味美。

《职贡图》少数民族群像

这一写入《型世言》中汇集各地食俗的宴席，标志着西南地区的少数民族食俗，自明代起已逐渐丰富起来。这是因为在明代，整个西南已成为汉族与各少数民族的共同杂居区，西南地区的各少数民族，已向先进的汉民族看齐，从事着稻米、小麦的种植生产，因而他们在饮食习惯上，也受到汉民族的影响。

各少数民族也大量采用了汉民族的春节、端午、中元、中秋、重阳等岁时节庆，其间自然也贯穿着饮食习俗。但只能说是一定程度上接近汉民族的岁时节庆食俗，各少数民族的岁时节庆，与汉民族的岁时节庆食俗是不尽相同的。

云南少数民族地区，每年六月二十八日，家家缚起高七八尺的茇芦置于门外，燃烧到深夜，过“火把节”。这一天又用牲肉细缕和脍，用盐醯，不烹饪，名为“吃生”。据说这是纪念明洪武年间被元梁王所杀而醢其肉的王祎形成的一个节日，这与汉民族“寒食节”的含意相仿佛。

虽然少数民族中有许多类似汉民族的食俗，但就其主流来看，仍然是少数民族自己的食俗占重要成分。这些完全保持着本民族食俗特色的少数民族，以满、蒙、回、维吾尔、藏最具代表性。

明代满族食俗中时兴一种用各种精肥肉，将姜、葱、蒜挫得像豆大，拌上饭，用莴苣大叶裹食的“包儿饭”。这种食物饭菜一体，鲜蔬、熟肴、葱酱互相“串味儿”，其食用方法是双手握而食之。于是“包儿饭”就成明代满族的食俗之一,一直流传至今。

明代蒙古族食俗中，则将用马乳酿成的马奶酒推举到首要位置。马奶酒的制法，是在皮子缝成的袋子中装上牲乳，将袋口扎紧，日久就酿成味微酢的“挏酒”了。每年四月，马乳新得的时候，蒙古族都要为此置筵酬神。长夏的时候，亲朋们还要举办“马乳会”。

明代回族已发展成一个独立的民族共同体，并形成了一些回族较为集中的地区，如甘肃、宁夏、陕西等。回族认为饮用水、乳、果浆、花露等，可使人卫生康乐无患。他们的饮食习俗中，对冲泡茶叶十分讲究，并掺入红糖、白糖、芝麻、核桃仁、红枣、葡萄干、桂圆、糖饼、枸杞子，制成“八宝茶”，或冲泡清热泻火的冰糖窝窝茶，或冲泡消积化食的白糖青茶……回族中这

高山族饮食娱乐图

种把冲泡茶水当成一种技艺的风气，从明代就开始了。

明代的藏族以农牧业为主，最重要的粮食作物为青稞。藏族人将它舂过、炒熟、磨粉、贮存，每出门，都带上二三升，并带上成块的酥油及茶叶，携一碗，饥则熬茶，取青稞粉，用酥油茶调拌，手搭着吃，这叫糌粑。藏族人虽一天只吃一碗糌粑，但无不强健多力。这种食俗甚至引起了汉族人的兴趣，便和以酥油，调以蔗糖，加以仿效。

明代新疆柳城的“锁子葡萄”中外驰名，因而在维吾尔族的食俗里，葡萄酒最为时尚。成品的葡萄酒色绿味醇，假如再蒸再酿，则颜色白而猛烈，性特热，喝了可以防寒积症状。

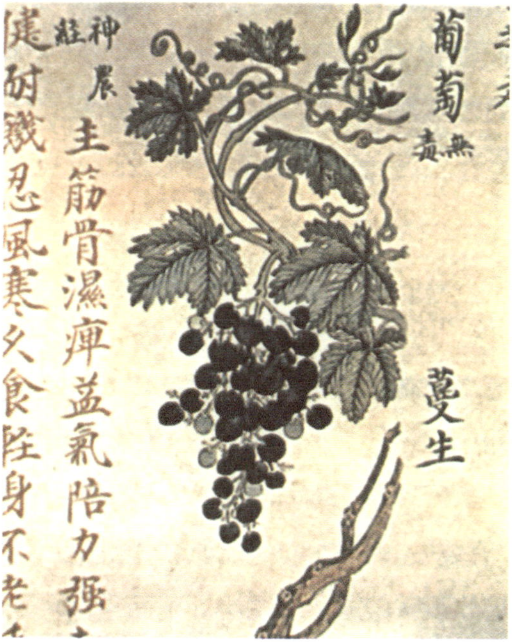

明《本草品汇精要》葡萄

从总的方面看，明代少数民族的食俗，仍保持着自己的个性特点，但在某些方面，也逐渐向汉民族食俗靠拢看齐，少数民族的食俗与汉民族食俗的关系，已是你中有我，我中有你，互相渗透，互相影响，使明代的日常食俗显得更加丰富。

相关文献

邝璠《便民图纂》，农业出版社，1959 年。

戴羲《养馀月令》，中华书局，1956 年。

住

屋基使用石灰和石头，房屋内构筑良好。

——门多萨（Mendoza）《中华大帝国史》

明彩陶房屋模型

室内陈设

《水浒》研究专家何心认为,《水浒》第二十一回中对阎婆惜室内陈设的描写，是古代长篇小说中较早的对城市居民室内陈设的描写：

原来是一间六椽楼屋，前半间安一副春台桌凳，后半间铺着卧房。贴里安一张三面棱花的床，两边都是栏杆，上挂着一顶红罗幔帐，侧首放个衣架，搭着手巾。这边放着个洗手盆。一张金漆桌子上，放一个锡灯台，边厢两个杌子。正面壁上，挂一幅仕女。对床排着四把一字交椅。

后来许多研究者无不征引此段文字，将它作为宋代室内陈设较为细致的描写来看待。按《水浒传》问世于明中叶来看，其室内陈设作为明代景象看似乎也无碍。或者可以说，这就是自宋发展到明代，较为平常的百姓家居的室内陈设。

高明《琵琶记》中寝室描摹

之所以说平常，就是因为这类室内陈设为一般市民百姓家庭所必备。如明代十分流行的“春台凳子”，简称“春凳”，多为粗木本色或刷色罩油，形似长几。崇祯年间梅鼎祚《豆香说鬼》插图中，就有此春凳，其长可供两人或三人并坐，也可在上面置放一两器物，当炕桌使用。

衣架，可以《中国花梨家具图考》收录的一件“凤纹雕花衣架”为例，此架通高 168.5 厘米，顶部横宽 176 厘米，脚部纵长 47.5 厘米。底座雕成下卷外翻的拱形云头状足（象鼻卷），座上以透雕卷草花纹的站牙抵夹立柱，站牙上下分别以榫槽形式与立柱和足座嵌接。衣架两足之间，安装用细木纵横攒接而成的棂格。这种棂格不但使衣架下部连接牢固，而且棂格上还可以用来摆放鞋、靴等物。再向上的立柱间，安装横枨和由三块透雕凤纹绦环板组成的中牌子，图案雕刻整齐优美，其与立柱交接处有透雕拐子花牙承托。顶上的搭脑，两端出头，并以立体圆雕翻卷的花叶收住，里外两侧都有拐子纹花牙承托。

此黄花梨木衣架，堪称明式衣架的精品。《水浒》中阎婆惜的衣架当然不能与之相提并论。但阎婆惜室内陈设也要置放一衣架，却表明了明式衣架当时已经十分普及于百姓之家了。室内陈设普遍还应有盆架，但阎婆惜室内只交代“这边放着个洗手盆”，看来其家没有盆架。其实，盆架在明代并非奢侈品，也是百姓家的必备之物。

四川铜梁县出土的明代张文锦夫妇墓中，就有一件四足铜盆架，架上放置一小铜盆，盆架座面仅用一圆环套住四足上端束颈部，腿足曲线收分流畅，整个造型显得十分紧凑、生动。《鲁班经匠家镜》中，还录有一种带座箱的高面盆架，盆架座箱下施四足，箱顶中部置盆，即可在此箱中放炭盆，用以保持面盆内的水温，箱前开一抽屉，屉中可放梳洗用品。

从这两种盆架分析，明代的盆架除实用性外，还很注意其美

明仕女观宝图屏风五屏式镜台

观性，从而使室内陈设生色。像胡德生《中国古代家具》中所举的明黄花梨带巾架的盆架：盆架下部基本相同，唯有两条立柱与上部巾架系用一木贯通。中间装一块中牌子，最顶端的横梁与巾架做法相同，两端雕刻成灵芝或龙头等装饰。中牌子大多镂雕或浮雕、镶嵌各种图案。有的在中牌子下还安一稍宽的横板，可以放置皂盒等梳妆用具。这种盆架多用六腿，而且都用直形。在前部四柱的顶端，雕出圆珠或坐狮等装饰，更增加了器物的艺术美感。

可惜的是，阎婆惜室内的陈设未写盆架，只是写了桌子、灯台、柜子、交椅等。明代的灯台一般造型细高，且多木制，常置于地上。阎婆惜室内的灯台则为锡制，置于桌上，此为一小灯台。杌子与交椅，两物相衬，杌子较矮，交椅较高；杌子不带靠背，交椅带靠背；两者同为坐具，但用途不同：杌子随意，椅子庄重。阎婆惜室内陈设最为耀眼的是那“金漆桌子”，与众器物截然不同，流露出了阎婆惜陡然而富的气味。最有代表性的，则是“正面”墙壁上挂着的仕女像，有点乔模乔样。

《金瓶梅词话》中两位女流室内的陈设与之相似，如第五十九回，妓女郑氏姐妹的家内：

明代出土家具室内陈设

但见瑶窗用素纱罩，淡月半浸；绣幕以夜明悬，伴光高灿。正面黑漆缕金床，床上帐悬绣锦，褥隐华茵；旁设褆红小几，博山小篆霭深檀；楼鼻壁上，文锦囊象窑瓶，插紫笋其中；床前设两张绣甸矮椅，旁边放对鲛绡锦帨。云母屏，模写淡浓之笔；鸳鸯榻，高阁古今之书。

如果将郑氏姐妹的室内陈设与阎婆惜室内陈设相比，那简直是天上地下，她们虽都是烟花女子，但郑氏姐妹的室内陈设却透显着浓浓的雕琢出来的奢华气，阎婆惜的室内陈设虽有一些“暴发户”的味道，但较接近平民风气。如果再将这两处女性的室内陈

明代家居方凳

设，与《金瓶梅词话》第三十七回所描写的王屠妹子王六姐儿家的室内陈设相比，就会强烈感受到平民女性的室内陈设还是较为简单的，也是明代百姓住家最为常见的：

正面纸门儿，厢的炕床，挂着四扇各样颜色绫段剪贴的张生遇莺莺蜂花香的吊屏儿，桌上揀妆、镜架、盒罐、锡器家活堆满，地下插着棒儿香。上面设着一张东坡椅儿。

从这室内陈设可以看出王六姐儿的市井小民身份，这有赖于兰陵笑笑生娴熟地运用了室内陈设这一描写手段来刻画人物的形象。由于兰陵笑笑生运用得十分巧妙，有时看似不经意的室内陈设描写，却展示了描写对象所蕴含的深刻的社会意义。如对横行乡里的恶霸西门庆书房陈设的描写：

里面地平上安着一张大理石黑漆缕金凉床，挂着青纱帐幔。两边彩漆描金书厨，盛的都是送礼的书帕、尺头，几席文具书籍堆满。绿纱窗下，安放一只黑漆琴桌，独独放着一张螺甸交椅。书箧内都是往来书柬拜帖，并送中秋礼物账簿。

书房陈设金碧交错，精致讲究，充溢着高雅、清静的气息。然而以此陈设度之书房主人，就会产生一种巨大而又强烈的疑问，那就是西门庆究竟有多少文化？这就如同明中后期泛起的“皂快书房”一样，据范濂《云间据目抄》记载：“如皂快偶得居止，即整一小憩，以木板装铺，庭蓄盆鱼杂卉，内列细桌拂尘，号称‘书房’，竟不知皂快所读何书也！”

范濂的指责是有道理的，室内陈设往往体现着居住者的文化品位。所以，许多缺乏文化修养者常常跟风仿学，故室内陈设泛滥而起，以至虚伪无度。正经的室内陈设，从明代许多戏曲、小说的插图刻本中就可以了解到：明代第宅的大厅内，大案、大柜才是固定的陈设，其余如椅子可摆成八字形或一对一的对称形，各依上下尊卑次序而坐，但正中多为一座屏风，地面是空的。之所以这样陈设，主要是根据用途，可以随时调动桌、椅及其他使用器物。

所以，有身份的人家格外重视屏风的中心作用。《金瓶梅词话》第四十五回，叙述众人抬了一座“白皇亲家”典当的“三尺阔，五尺高，可桌放的螺钿描金大理石屏风”，引动西门庆也煞有介事地“安在大厅正面，左右看视”，以决定是否买下这高雅的屏风。像西门庆之流硬要在室内陈设之中充当一个角色，这也是时代风气使然。

相关文献

文震亨《长物志》，文渊阁《四库全书》本。
沈德符《万历野获编》，中华书局，1959 年。

居住等第

明政府查抄变卖严嵩财产时，其家在江西省城内有“大府第一所”，共有三层：第一层百禄堂，左大祠堂，右大书院，左右共有五十八间房；第二层中大厅，堂二座，大楼一座，七十七间房；第三层宝翰楼，正大楼五间，大厅一座，左大楼二重，东西横楼、正厅一座，并廊房小厅共七十六间。右大花园池亭一处，并有小花园亭屋空地一带，又菜果园小亭空地一带。

房屋之多且不说，因为第三层的“周回走廊栏杆石笋东西夹巷砖石牌楼”的规格是“违式”的，因此市民不敢承买，加之偏僻难以售出，所以只好相应留作“公所”。联系《金瓶梅词话》中西门庆所见到的朱勔太尉府“正面五间厂厅，歇山转角，滴水重檐，珠帘高卷，周

杜琼《南邨别墅图册》

围都是绿栏杆，上面朱红牌匾……”可见明代官员超越居住等第之事时有发生。

即以周王的开封府邸为例。按《明实录》记载，周王府“周围三里三百九步五寸”，但据近年勘探考古表明，其周长为五里左右，大大“超标”，若加上其城四周方圆九里十三步的萧墙，那超得就更厉害了。而且周王府亦号称“紫禁城”，依宋代宫阙旧基建成，其一北大门就为五间三开，台基则高五尺，上安栏杆，栏杆外街宽达五丈，方是居民……周王府是明初洪武十一年（1378）所建，此时正值朱元璋吏治较严的时期，其时尚且如此，其后“越规”居住不断发生，就极为正常了。

为了严肃居住等级制度，洪武二十六年对一品至九品的官员住宅规模曾做了具体规定，《明会典》记载：

公侯前厅七间，或五间，两厦九架造，中堂七间九架，后堂七间七架，门屋三间五架，门用金漆，及兽面摆锡环。家庙三间五架，俱用黑板瓦盖，屋脊用花样瓦兽，梁栋、斗拱、檐桷，用彩色绘饰，窗枋柱用金漆或黑油饰。其余廊、庑、库、厨、从屋等房，从宜盖造，俱不得过五间七架。

一品、二品厅堂，五间九架，屋脊许用瓦兽，梁栋、斗拱、檐桷用青碧绘饰。门屋三间五架，门用绿油及兽面摆锡环。

三品至五品，厅堂五间七架，屋脊用瓦兽，梁栋、檐桷用青碧绘饰。正门三间三架，门用黑油摆锡环。

六品至九品，厅堂三间七架，梁栋止用土黄刷饰。正门一间三架，黑门铁环。

一品官房舍，除正厅外，其余房舍许从宜盖造，比正屋制度，务要减小，不许太过。其门窗户牖，并不许用朱红油漆。

庶民所居房舍，不过三间五架，不许用斗拱及彩色妆饰。

以上规定是对洪武三年全国官民、百姓房舍制度的补充。朱

张复《西林图》册沃丘

元璋的本意，是希望以房屋来体现等级制度，加之辅助手段严厉，故各个阶层对房屋居住制度遵守较为严格。如《嘉靖江阴县志》记载："国初时，民居尚俭朴，三间五架制，甚狭小。"尤其是在农村，如明代浙江建德县新叶村的住宅，始终恪守着"不过三间"的规定。即所谓"三合院"，由三间正房，左右各一间厢房和天井组成，当地称为"三间两搭厢"。《西游记》第六十七回也这样写道：

只见那荆针棘刺，铺设两边；二层门是砖石垒的墙壁，又是荆针苫盖，入里才是三间瓦房。

可是自明中叶以来，尽管《明会典》专辟了《房屋器用等第》一项，非常明确地对房屋居住做了严格的等级限制：官员盖房屋，不许歇山转角、重檐重拱、绘画藻井有超越之举。仅就这一点来看，进入明朝中期以后，这项规定就已形同虚设。如《杨谦之客舫遇侠僧》所述的，不过是地处一隅的"宣尉司"，可是在这个衙门城里，"又筑个圃子，方圆二十余里；圃子里厅堂池榭，就如王者"。《金瓶梅词话》中提到的夏提刑的房子，"门面"就是"七间"，"到底五层，仪门进去大厅，两边厢房鹿角顶，后边住房花亭"。何千户的一个"后花园"，就有"正北三间书院，四面都是粉墙，台榭湖山，盆景花木"。气派都赛过了王侯。

《如梦录》记载的仅为周王一近支的"原武王府"：地基宽

大，殿宇巍峨，金碧精莹，山洞楼阁、亭台池塘、花草树木、活水山子、黄河九曲、灯殿大山、前后两厢舞旋、大戏数班。西有桂树百株，隔墙香味扑鼻。满池金鱼长二尺有余，其景世间罕见。布政司匾曰“人间天上”。

至于一般庶民的住房，也均大大突破了明初居住等第的底线。如前面提到的新叶村，自明中叶兴建的住宅，尺度一般均较往昔阔大，情趣也较高。据李秋香《中国村居》研究：明代一些大家住宅都建有独立的书斋，辟花园，栽种花木，开池养鱼。没有能力建花园的人家，也要在宅前宅后辟一方不大的院落，种植花木，小水池内养渗莲、游鱼，等等。

《西游记》第二十三回，就展示了明代乡村一“富实之家”的居住状况：

抬头远见一簇松阴，内有几间房舍，着实轩昂。但见：门垂翠柏，宅近青山。几株松冉冉，数茎竹斑斑。篱边野菊凝霜艳，桥畔幽兰映水丹。粉泥墙壁，砖砌围圜。……

入门里看处：原来有向南的三间大厅，帘栊高控。屏门上，挂一轴寿山福海的横披画；两边金漆柱上，贴着一幅大红纸的春联，上写着：“丝飘弱柳平桥晚，雪点香梅小院春。”正中间，设一张退光黑漆的香几，几上放一个古铜兽炉。上有六张交椅。两山头挂着四季吊屏。

这虽然是农村的景象，但确也反映出了明代农村“富实人家”居住条件的宽裕。即便如此，这样宽敞的居住条件较之城市住宅的富丽堂皇，仍然还有相当大的差距。如《万历新昌县志》曾言：“城中富宦之家，多高堂广厦，杂用诸色木植周围，绕以砖墙，檐阿譬革，丹艧相望。村乡多茅房土屋，仅庇风雨，其如城中之制者，仅仅一二而已。”顾起元《客座赘语》中的一段记载，也可看出明代中后期，南京居住等级更加“富贵”化的情形：

明乡间百姓居住图

明乡间百姓居住图

嘉靖末年，士大夫家不必言，至于百姓有三间客厅费千金者，金碧辉煌，高耸可倍，往往重檐兽脊如官衙然，园囿僭拟公侯。

顾起元的记载或许有夸张之处，但一般最底层的百姓，确实千方百计通过盖房来扩大自己居住的“深大”。像《醒世姻缘传》第三十五回所说，一生员与一开小药铺的侯小槐，因盖房起争端，闹上了县衙。县官通过审问，明白了原因，判道：

审得生员汪为露，三年前买屋一所，与侯小槐为邻。汪有北屋、南屋、西屋，而独东无东房，以东房之地隘也。私将侯小槐之西壁以为后墙，上盖东厦三间，以成四合之象。

县官的判词使人明白地看到，明代普通百姓盖房侵占他人之事是时有发生的。但毕竟对百姓住房有一定限制，故汪为露遭到县官的严厉斥责和判罚：“姑行学责二十五板，押将厦屋拆去，原墙退还侯小槐收领。”这一系列的“房基”“地基”的扩大与纠断，也反映出了明代农村一般百姓的居住等级限制还是很严格的。

相比较而言，城市居民似乎就缺少居住等级方面的约束，只要有钱，任何身份的人都可以买到满意的住所，且价钱也算便宜。《金瓶梅词话》第五十六回：常时节买所房子，一共四间，一间门面，一间客坐，一间床房，一间厨灶。常时节为市井小民，却需一间专门招待客人的房子，四间房总共需花“三四十两银子”。

第三十九回则是：

> 韩道国老婆王六儿使了一百二十两银子，买了一所门面两间、到底四层房屋居住。除了过道，第二层间半客位；第三层除了半间供养佛像祖先，一间做住房，里面依旧厢着炕床，对面又是烧煤火炕，收拾糊的干净；第四层除了一间厨房，半间盛煤炭，后边还有一块做炕厕。

这样的房子属于经济实用型，且买卖自由，颇受市民钟情，明政府所做出的庶民三间五架居的规定，已形同虚设了。

相关文献

胡应麟《少室山房笔丛》，中华书局，1958 年。
张瀚《松窗梦语》，中华书局，1985 年。

各式客店

明末袁于令所著《隋史遗文》，描写了一段隋朝秦叔宝押解两名犯人进潞州，住进一家客店的遭遇，实际折射了明代较为基层的旅途住宿情形。

身为公差的秦叔宝一进客店，“主人尽殷勤之礼，立在膝旁斟酒，笑堆满面”。究其缘由，这是因为：“王小二的店，原是公文下处，官不在家，没人来往，招牌灯笼都挂不出去。”所以，王小二对秦叔宝格外周到，打开“只等下县的官员、府中公干”才居住的“上房”，与秦叔宝“安息”。口口声声说道：“出外的人，下处就是家里一般。”

但这样的客店，往往兼具饭店的功能。王小二就这样自道：“小人是个开饭店的，你老人家住一年，才是好生意哩。”因此，唯利是图的

明乡间客店亦如杨柳青古年画情景

王小二，对居住多日的秦叔宝计算得相当仔细：

相公爷是八月十六到小店的，今日是九月十八日了。八月大，共计三十二日。小店有规矩，来的一日，去的一日，不算饭钱，折接风送行。三十个整日子，马是细料，连爷三顿荤饭，一日该时银一两，九折算，净该纹银二十七两。收过十两好银子，准少十七两。

这住宿之账使我们从中了解到明代旅途住店的花费，从而更能细致地把握明代的社会经济脉搏。

一旦秦叔宝断了钱路，王小二的脸色立刻就变化起来。他“叫手下的：‘那饯行酒，不要摆将过来。秦爷又不去，若说饯行，就是速客起身的意思了。径拿便饭来请爷吃。’手下知道主人的口气，‘便饭’两字，就是将就的意思了。小菜碟儿都减少了两个，收家伙的筛碗、顿盏，光景甚是可恶”。

而且秦叔宝的住处马上被安排到“靠厨房的一间破屋，半边露了天，堆着一堆糯糯秸，秦琼的行李，都堆在上面。半边又把柴草打个地铺，四面风来，灯挂儿也没处施设，就地放下了，拿一片破缸爿挡着壁缝里风”。明代客店简陋的一面于此显露无遗。

应该说《隋史遗文》所反映的县一级客店住宿情形，是非常真实而生动的。客店与饭店往往一身二任，充当起招待旅途行人的主要角色。这在明曲《幽闺记》第二十二出《招商谐偶》还可找到证明：

好招商店，前临官道，后靠野溪，几株杨柳绿阴浓，一架蔷薇清影乱。古壁上绘刘伶裸卧，小窗前画李白醉眠。知味停舟，果是开坛香十里闻香驻马，真个隔壁醉三家。但有南北二京、福建、江西、湖广、襄阳、山东、山西、云南、贵州、广东、广西客商，都来买好酒吃。

初看起来，这只不过是一酒店，其实，它是“前面吃酒，后面宿客”。如果去正式旅馆，“还有三十里路”，所以行途旅人就在此歇息。这就如同明代小说《石点头》第一卷中的“郭爷”，“盘缠不多，不曾入城，就住在城外一个冷饭店内”一样。《西游记》第八十四回，也以细致的笔墨，描绘了这类既是饭店又是招待旅人的客店的情形：

正当中一家子方灯笼上，写着“安歇往来商贾”六字，下面又写着“王小二店”四字，行者才知是开饭店的。又伸头打一看，看见有八九个人，都吃了晚饭，宽了衣服，卸了头巾，洗了脚手，各各上床睡了。……

只见那小二走向前，吩咐：“列位官人，仔细些。我这里君子小人不同，各人的衣物、行李都要小心着。”你想那在外做买卖的人，那样不仔细？又听得店家吩咐，越发谨慎。他都爬起来道：“主人家说得有理。我们走路的人辛苦，只怕睡着，急忙不醒，一时失所，奈何？你将这衣服、头巾、搭联都收进去。待天将明，交付与我们起身。”

住这样的饭店、旅店，真可谓既经济又实惠，还有一定的安全感，故此类客店在明代各地，尤其镇、市上经营得十分红火。明代小说《穷马周遭际卖𩜼媪》，就通过马周的旅途遭遇反映了这一点：

马周来到新丰市上，天色已晚，只拣个大大客店，踱将进去。但见红尘滚滚，车马纷纷，许多商贩客人，驮着货物，挨三顶五地进店安歇。店主王公迎接了，慌忙指派房头，堆放行旅。众客人寻行逐队，各据坐头，讨浆索酒。小二哥搬运不迭，忙得似走马灯一般。

从中不难看出，明代客店的经营还是井然有序的，已形成一套行之有效的规制。张岱《陶庵梦忆》中的《泰安州客店》，也为我们留下了这样一份逼真的记录：

投店者，先至一厅事，上簿挂号，人纳店例银三钱八分，又人纳税山银一钱八分。店房三等。下客夜素，早亦素，午在山上用素酒、果核劳之，谓之“接顶”。

据此看来，泰山客店的经营者颇具心计，他根据上泰山客人的不同身份而区别对待。而且为了使入店住宿的客人有宾至如归的感觉，则在夜间来住店的，设“贺席”，美其名曰为求官、求子、求利。“贺席”分为三等，无非是因人因情而宜，如上等称为“专席”，仅一人享用饼果、佳肴、演戏，二等两人一席，招待饮食如上席，三等则三四人一席，招待饮食等同一二，只是用弹唱代替演戏。

据《陶庵梦忆》记载统计，泰山客店中演戏待客的有二十多处，弹唱者则不可胜计。庖厨炊爨有二十多所，奔走服役跑堂的达一二百人，客人天天来，可是客店的新旧房屋不相重复，荤素庖厨不相混同，迎送厮役也绝不相兼，可见泰山客店已形成了相当大相当高的招待规模。像这样的客店，在泰安州另外还有五六所。

当然，这仅仅是明代客店的一个方面。在明代，大量的还是那些散落在城乡各地适用于普通百姓住宿的客店，或者统称为“骡马”的“大店”。许多城市，均有这样“有过客买卖的”“骡马大店”。如《如梦录》所述开封因“是八省通衢之地”，所以有这样的“骡马大店”多达“三五十座”。

仇英《仿李唐山水图》中策骑疾进的旅行者

修订于明代以体现明代汉语风格的朝鲜古籍《老乞大谚解》，也详细地描述了投宿骡马大店的情形：一般来讲，骡马大店多设在前不着村后不着店处。由于投宿者多为驾车而来的劳动者，所以往往需自己动手做菜吃。其程序是：

烧的锅热时，着上半盏香油；将油熟了时，下上肉，着些盐，着筷子搅动；炒的半熟时，调上些酱水、生葱、料物拌了，锅子上盖覆了，休着出气，烧动火，一霎儿熟了。

而随行的马匹，若以六匹计，每一匹五升料（料为黑豆）、一束草（草为秆草），二钱银子。每夜吃草料不等，草料贵处，三四钱银子。一宿住下来，骡马大店需花费：

你称了三斤面，每斤十个钱，该三十个钱；切了一斤猪肉，该二十个钱；四个人，每人打火，房钱十个钱，该四十个钱；黑豆六斗，每斗五十个钱，该三百个钱；草十一束，每束十个钱，该一百一十个钱。通该五百个钱。

经过讨价还价，客人付四百五十个钱即可。

从总的方面来看，这类客店由于面向大众，所以价钱也较便宜，虽招待条件较简陋，但经济实惠，而且店家往往出于招揽更多顾客的考虑，十分注意礼貌待客。像《梼杌闲评》第十二回，进忠到蓟州城找住宿客店，有人向他介绍“新街口侯家好，人又和气”，进忠也就听从了此人的介绍，去了“侯少野家行”投宿。果然，一老翁领一小儿出迎，下了牲口，安下行李，拂尘洗面更衣，“才宾主见礼坐下”，真是宾至如归，使人格外感受到了明代城市下层客店浓浓的温暖之意。

相关文献

程春宇《士商类要》，文林阁唐锦池刻本。
王锜《寓圃杂记》，纪录汇编本。

明式家具掠影

《金瓶梅词话》第七回，薛嫂为孟玉楼说媒，对西门庆特意说孟玉楼“南京拔步床也有两张”。紧接着在第八回中，因“六月十二日就要娶大姐过门，西门庆促忙促急，攒造不出床来，就把孟玉楼陪来的一张南京描金彩漆拔步床，陪了大姐”。这两回强调的，都是将“拔步床”当成一种资产，而且是一宗相当大的贵重物品作为“嫁妆”，足见这种家具的值钱和时尚了。

“拔步床”分繁、简两类，即明人通常所分的“大床”与“凉床”两种样式。《鲁班经》中记载的“大床”构造是：

下脚带床方共高二尺二寸二分，正床方七寸七分大，或五寸七分大，上屏四尺五寸二分

明架子床

高，后屏二片，两头二片阔者，四尺零二分，窄者三尺二寸三分，长六尺二寸，正领一寸四分厚，做大小片下，中间要做阴阳相合。前踏板五寸六分高，一尺八寸阔，前楣带顶一尺零一分。下门四片，每片一尺四分大，上脑板八寸，下穿藤一尺八寸零四分，余留下板片。门框一寸四分大、一寸二分厚，下门槛一寸四分三，接里面转芝门，九寸二分或九寸九分，切忌一尺大。

这种“大床”实际是将架子床放在一个如克路士《中国志》所说的“四周封闭”式“用木精制”的平台上，床内构成一个子空间，犹如室内有室、房中有房，平台前沿则长出床的前沿两三尺，这也是“拔步床”又称为“踏步”的主要原因。

由于床大，所以需要的空间也大。这种床：平台的四角设雕花柱架，床的三围镶安拆装式的雕刻或彩绘屏风，有的在床的门洞外还挂上“锦纯诗句枕边得，昌后文章醒后求”之类的楹联、诗文，人住此床，犹如置身诗情画意之中。床前两侧，一般安放小柜，以便放置花瓶、镜箱等杂物。后半部分为床之主体，往往再设一道雕花门罩、垂帘等，兼备点心盒、防身器具等物品。

这种实用性与艺术性融于一床的现象，在明代是相当普遍的，尤其是明代的贵族，他们在恣意享用床笫舒适的同时，刻意追求的是床的典雅与欣赏性。《金瓶梅词话》第二十九回，就有这样一个例证：西门庆因李瓶儿房中安着一张螺钿厂厅床，便使了六十两银子，给潘金莲也买了“一张螺钿有栏杆的床。两边桶扇都是螺钿攒造，安在床内，楼台殿阁，花草翎毛。里面三块梳背，都是松竹梅岁寒三友。挂着紫纱帐幔、锦带银钩，两边香球吊挂”。

从艺术构成看，螺钿系贝壳片，可塑成人物、鸟兽、花木、亭台等形象，可嵌可雕镂。其中又分硬、软二种，硬即厚片螺钿，或白或彩色，可作为镶嵌平面花纹，亦可雕成凹凸花纹与百宝嵌相结合。软即薄片螺钿，除作镶花纹外，还可捣成细沙，在漆器面上做装饰，显出闪光彩色小点。装饰技法多种多样，有：纯螺钿镶嵌，与堆漆描金相结合的，与填漆、戗金、嵌金银片相结合的，和雕漆相结合的，作百宝嵌和珊瑚、玛瑙、玉石相结合的等等。

《金瓶梅词话》未交代潘金莲的这张螺钿床桶扇是何法制作的，只说了“楼台殿阁，花草翎毛”“是螺钿攒造”。按北京故宫所藏明代螺钿描金式作品：彩色软钿嵌山树、楼阁、桥梁，闪光细沙密铺成土坡，黑坡花纹平滑，桥下水纹及天上云纹描金，边饰细钿锦文……潘金莲这张花费六十两银子买来的螺钿“攒造”的床，工艺水平当与之相去不远。

所以，就不难理解西门庆为何已有一张螺钿床还要再买一张，可以想见螺钿床的吸引力有多大。当然，明代家具不仅限于螺钿床，就是较为普通的坐椅，由于精心设计、科学施工，也具有了当时世界上家具制作的“最高含金量”。坐椅的这一科学性，高濂在《遵生八笺》的《仙椅》这样评说：

臞仙云：默坐凝神，运用须要坐椅宽舒，可以盘足，后靠。椅制后高扣坐，身作荷叶状者，为靠脑，前作伏手，上作托颏亦状莲叶，坐久思倦前向，则以手伏，伏手之上颏托，托颏之中向后，则以脑枕，靠脑，使筋骨舒畅，血气流行。

高濂揭示的明式坐椅其椅背高处的靠脑高度与人的颈部平齐，头部恰好搭靠其上，“以脑枕，靠脑”，是与现代科学原理相符的。现代许多专家通过对传世大量明式坐椅的测量，分析出各种明式坐椅的尺寸：其高平均值为四百八十毫米，减去搭脚档高约七十毫米，实际踏足至椅面高为四百一十毫米，与现行的标准椅完全吻合。

尤其是坐椅靠背的倾角和曲线，是明代工匠的一种成功创制。它是根据人体背脊的侧面，在自然状态时呈S形而设计的。即将靠背做成与脊柱相适应的S形曲线，并根据人体休息时必要后倾度，使靠背有近乎一百度的背倾角，从而使人后背与椅子靠背有较大接触面，韧带和肌肉因得到充分休息而有舒适之感。

明式椅子坐面还多采用上藤、下棕的双层屉子的做法。这样可以使坐面具有一定的弹性，人坐在上时略为下沉，上身的重量集中于坐骨骨节，形成了良好的压力分布状况，因而久坐不易感到疲乏。所以，坐具研究名家崔泳雪由衷地赞叹：在没有弹簧的时代，匠师们根据人体的需要，选择合适的材料制成这样的椅子

明黄花梨禅椅

坐面，是难能可贵的。

明代的匠师还将巧思运用于桌案的设计、制作上。在明代常见的方案、长方案、长条桌、长条案、翘头案、炕桌和炕案等家具中，最为常用的是方桌，又唤为“八仙桌”，其形方大古朴，可列坐十数人，既可用于展玩书画，也可当宴桌。在西方人的心目中，这样的桌子是世界上最优良的家具了。

葡萄牙人克路士曾在《中国志））中谈到他应邀去参加中国人的一个宴会时对桌子的深刻印象：

每个应邀的客人，都有一张桌子和一把漂亮的涂金或涂银的椅子，每张桌前有一张垂到地上的缎子。桌上没有桌布，也没有餐巾，因为桌子很好，他们吃得也干净，以至无需这些东西。

利玛窦在《中国札记》中谈及明代宴会时，也说：“每个人都有一张单独的桌子，有时在单独一个客人面前把两张桌子并在一起。这些桌子有好几英尺长，宽也差不多，铺着很贵重的桌布拖到地面，有如我们神坛的样子。”

这些记述，均准确地勾勒出了明式桌子的特长处。如桌上无桌布也无餐巾，这显然是由于明式桌子继承了自秦汉流传的桌面边缘多高起一“拦水线”的做法，以防止酒、水、菜汁流沾就食者的衣衫。而利玛窦所说的桌子并在一起，在明代孔府宴会中就较常见：两张相同规格的长方桌合成一个大方桌，以便铺陈肴品。

桌子不过是明式家具中的一个分支，其他种类的家具也都具相当的特色。像克路士《中国志》中所说：“至于小的涂金盒、大盘、篮、写字台和桌子，数不胜数，再好不过。”如小庋具就是如此，但这一家具应该属于橱柜大类。一般来讲，橱柜分为箱、格、圆角柜、方角柜、闷户橱、小庋具六类。小庋具虽小，但不可或缺，在日常生活中也很重要，包括提盒、药箱、都承盘、官皮箱、百宝箱等。

屠隆《考槃馀事》中所见载的“山游提盒”，十分轻巧而且实用：高一尺八寸，长一尺二寸，入深一尺，或如小厨，为外体。以板闸住，作一小仓。内装酒杯六个，酒壶一把，筷子六双，劝杯二个。空作六合如方，合底每格高一寸九分，有四格，每格装六只碟子，可以置菜肴，供酒觞。又二格，每格装四大碟，置鲑菜供馔筷外，总一门装卸，即可开销，远行宜提，甚轻便，足可以供六位宾客的需要。

“百宝箱”的形制更为精致。如《杜十娘怒沉百宝箱》中的“百宝箱”：“内皆抽替小箱”，抽第一层来看，只见翠羽明珰、瑶簪宝珥。再抽一箱，乃玉箫金管；又抽一箱，尽古玉紫金玩器。“最后又抽一箱，箱中复有一匣。开匣视之，夜明之珠，约有盈把。其他祖母绿、猫儿眼，诸般异宝”。做工讲究，宝物环衬，使人眼前顿觉绚丽灿烂，不愧为百宝之箱，使人油然而起珍重之意。可惜这一极其精美的“百宝箱”，随杜十娘沉入了江底。

成千上万的明式家具，如克路士所说："经久耐用而且声誉甚高，留给他们的后人使用下去。"留传至今的明式家具已经证明了这一点，并且还将证明下去。

相关文献

王世襄《明式家具研究》，生活，读书·新知三联书店，2007 年。

李宗山《中国家具史图说》，湖北美术出版社，2001 年。

“市隐”的“城市山林”

王世贞《游金陵诸园记》曾记述有姚元白创造的一座“市隐园”：

从北门到茅亭，向南行向左转，有一座小山，山周围种着竹子。小山前面有一大池，纵横可达七八亩。右有一平桥，过桥即见平屋五楹，叫做“中林堂”。在池前建有亭、台、桥、馆。堂后一轩，枕池而建，称为“鹅群阁”。每逢下雨，坐在阁中，可听雨声琅琅，望见池水波尽为鳞蹙。放眼望去，那座小山被黑云笼罩，如同泼墨画意。

这一题为“市隐园”的园林，堪称明代江南士大夫居住生活的缩影。所谓“市隐”，乃是隐居在城市里的绅衿阶层。他们绝大多数是曾博取

仇英《逸居图》表现的知识分子归隐

功名者，但又多为宦运不顺，或中途对官场厌恶、绝望者。像明代嘉靖年间曾任御史，后退隐于苏州，费时二十年修筑拙政园的王献臣等。他们像日本著名汉学家宫崎市定所说的：“遂凭自己的爱好专心致志地读书，或热衷于钻研艺术，过着恬静的生活。”这里所提的“恬静的生活”，不是一般意义上的，而是分量很重的以优美园林为背景的生活。

史实证明，江南大多数“市隐”，生活条件都很优裕。即使素负清名者，其华屋园亭，也都是揽名胜、连阡陌。尤其是那些曾有过权势的，他们的居所，往往如顾公燮《消夏闲记摘抄》中所记述的：“报录人多持短棍，从门打入厅堂，窗户尽毁，谓之改换门庭，工匠随行立刻修整。”

“市隐”们所醉心的“改换门庭”，绝不仅仅为修建美厦华堂，而是“改换”与开池筑山为主的园林结合起来，“门庭”只不过是园林的一部分。也就是说，“市隐”们为了满足自己心目中舒适而有情趣的家居生活需求，要在城市中建造以山水为骨干，饶有林壑之趣的宅园。

但是，由于私家的园林，多建在城市之中或近郊，故与住宅相连。园林的功能，则与居住生活紧密联系在一起，成为住宅的一个组成部分。明代小说《莽书生强调鸳侣》中的来元，就是这样走入这类园林住宅的：

在那宅后小街里，见一带黄砂石墙，一座小门楼上，有一个

钱榖《求志园图》局部，北京故宫博物院藏

> 匾额，写着“息机”二字。两扇园门，半开半掩。来元知是人家花园，挨身进去一看，正当三月下旬，绿阴乍浓，梅子累累，垂杨上流莺宛转，石栏边牡丹盛开。

这样的花园虽然只不过是扬州小园林而已，但这样的园林，可谓名符其实的宅园。因为它不只可游、可观，而且可居，是具有居住生活内容，能满足居住等各种活动要求的宅园。

明陆绍珩的《醉古堂剑扫》集中描述了“市隐”们所钟情的这样的宅园意境：

> 不能卜居名山，即于冈阜回夏及林木幽翳处辟地数亩，筑室数楹，插槿作篱，编茅为亭。以一亩阴竹树，一亩栽花果，二亩种瓜菜。四壁清旷，空诸所有。蓄山童灌园薙草。置二三胡床着亭下。挟书砚以伴孤寂，携琴弈以迟良友。凌晨策杖，抵暮言旋。此亦可以娱老矣。
>
> 山曲小房。入园为窈窕幽径，绿玉万竿。中汇涧水为曲池，环池有竹树云石。其后平岗逶迤，古树鳞皴。松下皆灌丛杂木，茑萝骈织。亭榭翼然。夜半，鹤唳清远，恍然如宿花坞；哀猿啼啸，如闻嘹呖惊霜。初不辨其为城市为山林。
>
> 垂柳小桥，纸窗竹屋，焚香燕坐，手握道书一卷。客来则具寻常之茶，为本色之清言，日暮乃归，不知马蹄之为何物。花关曲折，云来不认湾头；草径幽深，落叶但敲门窗。
>
> 家有园三亩，花木郁郁。客来，煮茗。或茗寒酒冷，宾主相忘。其居山谷相望，暇则步草径相寻。
>
> 结庐松竹之间，闲云封户。徙倚青林之下，花瓣沾衣。芳草盈阶，茶烟几缕。春光满眼，黄鸟一声。此时可以诗，可以画。

陆昭珩非常全面地总结了“市隐”造园与居住的关系，概括出了“市隐”营造“城市山林”的理念：他们希冀大自然景观，如麦

文徵明《为槐雨先生作园亭图》

仇英《园居图》局部

菽翻浪，溪畔鱼跃；庭前花发，虚门风来……聚缩在自己的宅园内，以便足不出户，也能朝朝暮暮聆听山泉的叮咚，目眺落英的缤纷……更何况“市隐”们均具有高深的文学艺术学养，能将其胸间蕴含的审美情趣，注入其所居住宅园的各个角落。若《醉古堂剑扫》所记：

门内有径，径欲曲。径转有屏，屏欲小。进屏有阶，阶欲平。阶畔有花，花欲鲜。花外有墙，墙欲低。墙内有松，松欲古。松底有石，石欲怪。石面有亭，亭欲朴。亭后有竹，竹欲疏。竹尽有室，室欲幽。室旁有路，路欲分。路合有桥，桥欲危。桥边有树，树欲高。树阴有草，草欲青。草上有渠，渠欲

宋懋晋《寄畅园图》局部

细。渠引有泉，泉欲瀑。泉去有山，山欲深。山下有屋，屋欲方。屋角有圃，圃欲宽。圃中有鹤，鹤欲舞。鹤报有客，客欲俗。客至有酒，酒欲不却。酒行有醉，醉欲不归。

在这里，大自然的造化与人工匠心已浑然一体，充分展现出了“市隐”居住宅园取法自然又超越自然的深邃意境。

明代小说《卢太学诗酒傲王侯》，就展示了一位“市隐”这样的生活。那是江南浚县城外浮丘山下的卢柟宅，其构造的一座题名为“啸圃”的园林，“大可两三顷，凿池引水，叠石为山，制度极其精巧”。小说先是第一次借差人之眼望其一般：“水光绕绿，山色送青，竹木扶疏，交相掩映，林中禽鸟，声如鼓吹。”“弯弯曲曲，穿过几条花径，走过数处亭台，来到一个所在，周围尽是梅花，一望如雪，霏霏馥馥，清香沁人肌骨。中间显出一座八角亭子，朱甍碧瓦，画栋雕梁，亭中悬一个匾额，大书‘玉照亭’三字”。

第二次看到的是：“园林织锦，堤草铺茵，莺啼燕语，蝶乱蜂忙，景色十分艳丽。须臾，转到桃蹊上，那花浑如万片丹霞，千重红锦，好不烂漫。”第三次：“直到一个荷花池畔，看那池团团约有十亩多大，堤上绿槐碧柳，浓阴蔽日，池内红装翠盖，艳色映人”“唤做‘滟碧池’，池心中有座亭子，名曰‘锦云亭’。此亭四面皆水，”“看那亭子：周围朱栏画槛，翠幔纱窗，荷香馥馥，清风徐徐，水中金鱼戏藻，梁间紫燕寻巢，鸥鹭争飞叶底，鸳鸯对浴岸旁”。

知县所见到的则是又一层次，“只见门上一个匾额，白地翠书‘啸圃’两个大字。进了园门，一带都是柏屏，转过弯来，又显出一座门楼，上书‘隔凡’二字。过了此门，便是一条松径。绕出松林，打一看时，但见山岭参差，楼台缥缈，草木萧疏，花竹围环”。“次后来到一个所在，却是三间大堂。一望菊花数百，霜英灿烂，枫叶万树，拥若丹霞，橙橘相亚，累累如金。池边芙蓉千百株，颜色或深或浅，绿水红葩，高下相映，鸳鸯凫鸭之类，戏狎其下”。

小说通过不同身份人物的视角，从“散点”到“焦点”，不

仇英《林亭佳趣图》局部

仇英《梧竹书堂图》局部

断变换，反复皴染，使卢柟的宅园像一幅水墨林泉山水画渐次展开，使人心倾神往——

其中更能打动人的是卢柟身置此“城市山林”，培养和表露出来的拔出流俗的人文品味，就像差人第一次在“玉照亭”下见到的：“下边坐着三四个宾客，赏花饮酒，旁边五六个标致青衣，调丝品竹，按板而歌。”第二次在桃花丛中见到“卢柟正与宾客在花下击鼓催花，豪歌狂饮”。第三次去那“锦云亭”中，“只见藤床湘簟，石榻竹几，瓶中供千叶碧莲，炉内焚百和名香。卢柟科头跣足，斜据石榻。面前放一帙古书，手中执着酒杯。旁边冰盘中，列着金桃雪藕，沉李浮瓜，又有几味案酒。一个小厮捧壶，一个小厮打扇。他便看几行书，饮一杯酒，自取其乐”。

当然，卢柟的这种“市隐”生活，需要相当雄厚的物质基础，不是谁都可以模仿和实现得了的。但是，“市隐”们使居住生活环境艺术化，在更广泛的社会范围内发展着，并具有了示范性，使明人袁祖庚所鼓吹的“城市山林”获得了长时间的永久。而小说《卢太学诗酒傲王侯》，恰恰为我们提供了这一个观察的角度。

相关文献

计成《园冶》，喜咏轩丛书本。
范守己《曲洧新闻》，明万历刻本。

暖铺冷铺

对明代百姓的住房，人们始终有两种不同的看法，一种认为他们住得非常不错，其居住水平完全可以夸耀于世界。这从西方人的相关著作中，可以找到证据。克路士在《中国志》中，曾对明代广州城内百姓的住宅这样评品：

老百姓房屋一般外表都不好看，但屋内却令人惊羡。因为屋内通常白如奶，像光滑的纸张，铺有方石板，沿一拃左右的地面涂成朱红色或几乎黑色。楝木光滑而平整，构制精美，安置适当，好像擦亮的，或者涂上色，要么白色，有的白色美观悦目，像锦缎闪光，差不多像金色，光亮到似乎应在上色时给它褪点色。确实，我承认我从来没有见过那样好的楝木。

门口房间的后面有一个院，内有小树、亭

子供休息之用，还有一股小清泉。再往后，在妇女退入的房门前，是一条有顶盖的过道，面朝院子敞开，那里摆着精致的大柜，作为房子的间壁。他们在里头放有用木头或泥土制的神像或偶像，这些神像的形态、多少有些怪。

房屋都铺上优质瓦，比我们的要好、更坚实，瓦不仅烧得好，而且用的原料是上等泥土。接受雨水的瓦宽而短，铺在最上屋的瓦要窄些，朝着街道的瓦沿，有石灰工艺品修饰。因瓦质优良，好多年都不用再铺瓦，不像我们的瓦有那样多孔隙、那样粗糙，而是平滑的和保暖的，铺设整齐，简直不生尘埃。

但这毕竟是明代城市中的房屋，出于“脸面”的考虑，政府必要求市民对房屋特别是临街房屋的修建不得马虎。来自葡萄牙的克路士，未必洞晓其中的这一原因，然而他一丝不苟的记述，却揭示出了明代城市居住建筑的某些特征。如“朝着街道的瓦沿，有石灰工艺品修饰”，这就带有鲜明的官府采用统一模式的痕迹。

与散布在全国各地大大小小的驿站一样，在政府统一的指令下，“暖铺”均修建得那么一致，那么富丽堂皇。像景泰、天顺年间，明政府在北临沙漠，南至居庸，西抵云中，方圆千里的地方，设“暖铺”六十九处，每铺相距十里，分布甚密。沟通邮传，递送公文，虽为“暖铺”之职，但接待过往官员、外邦使臣，亦为其重要之责。

仇英《剑阁图》

所以“暖铺”房屋就建八百三十一间，而且大肆修饰，如“佐字”暖铺，在宣府城西十里，前有亭，纹梁绣拱，彩绘焕然。亭后有正厅五间，两庑有十间，亭南为中门，中门之外又有两庑，各三间，前为大门，种植花木，宏深崇丽，大书其楣曰“来远”。

“暖铺”的外部建筑，足以造成动人心魄的感觉。至于里面，陆采的《明珠记》曾就“暖铺”类驿站的内部铺陈着意写道：

但见画堂高耸，绣幕低垂。栏杆尽挂珠帘，遍地平铺锦褥，红罗纬四角金铃倒缀，青绫被一团兰麝熏香，珊瑚枕绣朵朵芙蓉，翡翠衾有重重春意。香爇龙涎，似嫦娥月下飞来。满身云雾，烛烧凤蜡，如仙子山头闲望，一派秋光。象牙床，龙须席，睡时魂梦也通仙。金花粉，玉镜台，妆罢妖娆增百倍。除非天上方才有，便是王家也不如。端的好铺陈。

这样的设备，使人的跋涉疲劳顿时烟消云散，无异于艰苦旅途中得到的一汪甘泉。可是后来由于官僚制度的腐败，“暖铺”之类的驿站遭到了极大的破坏。《明珠记》也记载了这样的情况：

但见破屋数间，颓垣几堵。桌子上三寸灰尘，起尽人夫揩不净；被儿底万千补孔，抛将东海洗难清。四脚床番身倒地，只把乱砖支；无顶帐仰面见天，权将芦席盖。破藁荐四五条，点点尿痕迎鼻臭；旧蒲枕两三个，累累虱子咬人多。板凳从来无只脚，与鸡婆暂宿中间；胡床一向不穿棕，被老鼠咬来零碎。东村借得个没嘴茶壶，争奈漏时无可塞；西市买得个半边油盏，可怜黑夜没些油。除非牢里死囚徒，受得这般活地狱。

“暖铺”的衰败，已经无法承负起招待旅人的职责了。但它毕竟是由明政府出资修建的一种旅途中转、休息的居所，无论如何衰败，也要维持运行，这也就意味着明政府还要经营，或多或少地还要投入令其改观。

相对于“暖铺”，明代城市中还有设施简陋的“冷铺”。顾名思义，这样的居所肯定是寒冷而又简陋的，仅能存身之地。它的入住者，为明代城市中的底层人民。

《金瓶梅词话》第九十三回所说的陈经济，交不起房钱，一贫如洗，就“钻入冷铺内存身”。陈经济饥寒交迫中，特意作了一套《粉蝶儿》散曲，将如何入住“冷铺”，“冷铺”如何……一一说与“众花子”听。这当然也可以当作明代城市“冷铺”的真实历史写照来看：

九腊深冬，雪漫天凉然冰冻。更摇天撼地狂风。冻得我体僵麻，心胆战，实难挣扎。挨不过肚中饥，又难禁身上冷。住着这半边天，端的是冷。挨不过凄凉要寻死路，百忙里舍不得颓命。

[八煞]卖大房，买小房。赎小房，又倒腾。不思久远含余

剩。饥寒苦恼妾成病，死在房檐不许停。所有都干净。

[十煞]讨房钱不住催，他料我也住不成。沙锅破碗全无用，几推赶出门儿外，冻骨淋皮无处存，不免冷铺将身奔。

频年困苦痛妻亡，身上无衣口绝粮。
马死奴逃房又卖，只身独自走他乡。
朝依肆店求遗馔，暮宿庄园倚败墙。
只有一条身后路，冷铺之中去打梆。

透过陈经济的述说，"冷铺"的情况一目了然，它完全是为那些生活在社会最底层、无家可归者设立的。作者并未具体描写"冷铺"中的设备，但我们可以借助其他史籍得到大致情况。谢肇淛的《五杂俎》，对城市中的这类"冷铺"记载得就很清楚：

京师谓乞儿为花子，不知何取义。严寒之夜，五坊有铺居之，内积草秸及禽、兽茸毛，然每夜须纳一钱于守者，不则冻死矣。

用草秸、禽兽茸毛做铺盖，在寒冷的冬夜里真可谓"冷铺"了，谈何存身？但从本质上来说，"铺"属国家驿站编制，"一宿以去，遂有铺舍"。陈经济在"冷铺"中"打梆子摇铃"值勤，即为其证。然而由于经营不善，像沈榜《宛署杂记》中所说的卢沟铺舍那样："虽有屋数楹，其实极敝，不可以居。"

朱国祯在《涌幢小品》中又记载：“过无锡县，见其城焕然一新。内白外蓝，皆以石灰涂藻，宛若世家萧墙一般。每丈约费银二两，计城可三四千丈，闻皆取办于里甲者。”由于未从根本上解决市民的居住条件而只求“面子工程”，未过多时，这城市建饰又“湮颓如故”了。换言之，“冷铺”代替“暖铺”，是在所难免的了。这反映出了明代城市繁华的同时，也存在着虚造的幻影，“暖铺”与“冷铺”并存的现象，始终伴随着明代城市市民的居住历史。

相关文献

贺仲轼《冬官纪事》，台湾笔记小说大观本。
同济大学城市规划教研室《中国城市建设史》，中国建筑工业出版社，1982 年。

民间鲁班技术

陈铎曾有一首《嘲人盖屋》散曲，对盖屋匠人语含讥讽，饶有趣味：

[北般涉调耍孩儿]小人度量忒经纪，悄地把房儿盖起。不通风生怕外人知，棺材行雇了几个江西。单爱他价钱省减工夫少，那里管造作平常手段低。自打算自商议，材料儿不图齐整，日子儿问甚凶吉。

这样的工匠“打底”，材料自然要凑合：

椽子是累年积下锄头柄，地磉是到处搬来碓嘴石，所件儿不周备。少纸筋搀些麦稳，无望板苫上芦席。

碎砖瓦把山墙砌……破槅扇一块油来一块

漆……要絉棍搓草绳不须软篾，朽屋脊省石灰止用浆泥。

这样建筑起来的房屋，必然是：

一堵墙顶住门，三间房靠定壁。青天白日长昏晦，似那混堂一样多潮湿。冷铺周遭欠壮实，只有两件病堪调治：害风眼的寻来藏躲，发皮寒的赁了将息。

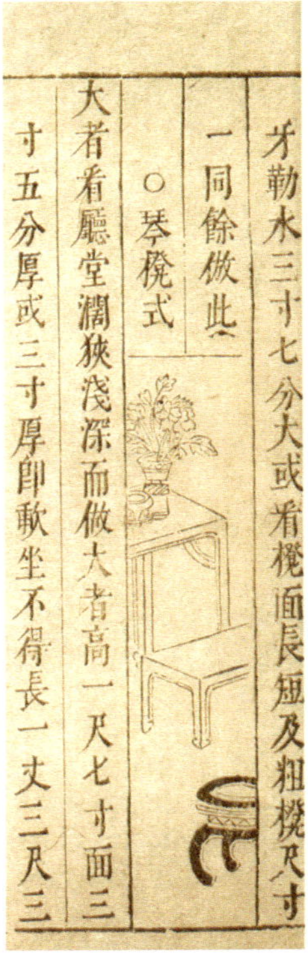
牙勒水三寸七分大或看櫈面長短及粗櫈尺寸
一同餘倣此
○琴櫈式
大者看廳堂濶狹淺深而做大者高一尺七寸面三
寸五分厚或三寸厚即軟坐不得長一丈三尺三

《鲁班经》书影

作者的目的在于调侃修屋建房者，笔触尽管辛辣，但我们从中却感受到了另一种积极活跃的讯息，那就是在明代，修筑房屋已是一桩极其随意的工作，至少是变得简单了，这在西方人的眼中尤为如此。如西班牙人拉达（Mardin de Rada），在《记大明的中国事情》中就这样描写明人的建筑技术：

屋基通常用方石，打在每间屋地面，约一瓦拉高。再在石基上立几根松木柱或桩；顶的拱心制作良好，屋顶铺瓦。虽然没有石灰，地板仍用砖紧密砌成，有时用石板。在柱之间，他们用板条和胶泥加在支架上筑成薄墙，用大木板加固，两边先涂泥再抹灰。庭院和菜园的墙，用舂牢的泥土筑成，外面抹灰。

葡萄牙人曾德昭在《大中国志》中，也曾感叹过明代工匠的建筑技术：

他们的住房不如我们的华丽和耐久，不过因设计良好而便于

张宏《止园·北池及清浅廊》

住宿，整洁舒适。

他们的建筑方式有如下述：先精确地安装好屋顶，置于木柱上，柱子越大越有价值，然后用砖或类似材料砌墙。古时有一个传统，盖房要严格按照尺寸和比例。一些记述这种技术的书籍留传至今。

曾德昭的观察，确实总结出了明代建筑技术的某些特点。他告诉我们，建筑房屋是很严格的，是有章可循的，而且是有这方面的技术著作的。

汤贻汾《爱园图》局部

如《新镌京版工师雕斫正式鲁班经匠家镜》，又名《鲁班经》，就是一部专门记录明代民间建筑技术的书，一直在民间广泛流传着。此书虽鲜明地体现了江浙地区的民间建筑特色，但又可以与官书“做法则例”处于“分庭抗礼”的地位，因为它集中反映了民间建筑技术的程式化。

此书从修筑房子最基础的做法说起，如断水平法、画起屋样、定盘真尺、三架屋后车三架法、五架房子格、正七架三间格、正九架五间堂屋格、五架屋诸式、正七架格式，等等。凡是与居住有关的附属设施也予以考量，如寺观庵堂庙宇式、装修祠堂式、神厨搽式、凉亭水阁式、仓敖式、桥梁式、郡殿角式、建钟楼格式、建造禾仓格、五音造牛栏法、五音造羊栈格式、马厩式、猪栏样式、鹅鸭鸡栖式，等等。

这既是建筑技术的排列，也是建筑布局的排列。江浙地区许多遗存的明代乡村建筑，就是按照这样的布局安排的。如大多数明代住宅主要为两大部分：一是先造主体建筑部分，即常见的“三架屋”，二是根据所剩地段，在主体建筑外侧建造辅助房，如厨房、柴房、仓库、畜厩等。

在建筑技术中，仍是以家具制作为大宗：

屏风式、围屏式、衣笼样式、凉床式、藤床式、禅床式、禅椅式、雕花面架式、大方扛箱样式、案桌式、搭脚仔凳、风箱样式、衣架雕花式、素衣架式、面架式、交椅式、板凳式、八仙桌、棋盘方桌式、食格样式、衣箱式，等等。

仇英《园林胜景图》局部

这些均表明了结构性的木作工程，是与非结构性的木作难以分开的，如鸟之两翼，车之双轮，相辅相成。从而也使我们推断出，明代民间建筑工具的配套组合已完全成熟并定型：以锯、斧作为伐木的主要工具，以框锯为解木的主要工具，以平推刨为平木的主要工具，以锛、单刃斧作为平木的辅助工具，以凿、锯配合作为榫卯制的主要工具，以凿、刻刀等作为雕刻的主要工具。如《中国传统建筑木作工具》所说，这种组合配套模式，至今仍在沿用。

明代民间建筑技术更值得赞扬的，是今天仍矗立在大地上的明代的各式房屋建筑，它们就像无言但又最雄辩的证人，诉说着那个时代卓越的建筑成就。像《千古一村》所描述的江西乐安流坑，其平面布置还基本保持了明代中晚期的格局：纵横交错却井然有序的街道，屹立巷口兼具安全防卫、登临远眺、歇息避雨、敬神祈福诸功效的门楼，共墙连体、门门相通、规模庞大的建筑组群，外砌高墙围护、内设天井照壁、厅堂悬匾镌联的邸宅……

这些遗存的乡村房屋，充分体现了明代民间建筑技术的高超。例如，李秋香教授所分析的浙江兰溪诸葛村保留下来的明代较为常见的三间两搭厢式的住宅，其“金鼓架”即贴在天井前墙

钱穀《小祇园图》，台北故宫博物院藏

仇英《独乐园图》，美国克利夫兰美术馆藏

内侧的一副三开间的木构架，只有两棵檐柱，两端与厢房的檐柱相接，连成一体。“金鼓架”的功用，是支撑天井前的那片墙，增强其稳定性。“金鼓架”又可以镶堂板，既整洁又防盗。“金鼓架”还颇具装饰性，其枋子上往往雕刻有花卉、戏剧场面，精致耐看。

“金鼓架”在《鲁班经》中又称为鼓架式、铜鼓架式、花架式等，尺寸精确，十分具体。浙江建德新叶村造房所实行的“明式斗拱”，大致就创始于明代。据老木匠说，明代以前，建筑的柱子上端都没有座斗。明初，有个工匠给柱子下料时，一时疏忽，弄错了尺寸，所有柱子都短了一截，他非常着急，这时他妻子出主意，让他在柱头上加一座斗，来补足所缺乏的高度。这个方法果然奏效，后因这做法不但能节省许多大料、长料，还使柱子造型更加美观，于是这种建筑工艺就流传了下来。

据史料记载，斗拱的做法，在明代确实也有所突破——斗拱尺度由壮硕变为纤小，断面变小，高度降低，出跳减短，装饰性的意味越来越浓，朝着美学的方向发展。如山西万荣县的飞云楼，仅斗拱就用了三百四十五组之多，状似云朵簇拥，使飞云楼格外秀丽挺拔。由山西遗存的明代民间建筑可见：斗拱出昂扁平而修长，斧砍犀利而洒脱，昂嘴截面呈底边大两侧窄的斜峰五边形，昂尾采用花头子等艺术形式做过渡性处理……造成了极强的观赏性，像飞云楼如意昂头那种样式。

民间斗拱技术的进步，给皇家的园林建筑提供了充足的技术支撑。如《鲁班经》中“装修祠堂式”的进深、阔、高、分间处处均合整数的技术，甚至影响到了明代北京太庙的建筑。

明代北方房屋建筑大致是：正房正脊一般高度一致或中间高、两侧低，但在山西沁水县湘峪村，却有一座建于明崇祯十一年的“双插花”反其道而行之：该院落中一座五开间的正房，由于高度不同被划分为三段，中央两开间正房楼高三层，右侧两开间和左侧一开间正房楼高四层，形成中间低、两侧高的奇特外观，与中国古代双插花官帽非常相似，寄托了官运亨通之意。

著名学者楼庆西在《中国古建筑二十讲》中，对民间建筑技术曾归纳如下：它不受或少受官式建筑形制的约束与影响，在建筑的选址与布局上能更紧密与自然地势相结合，在建筑结构上更能因材施工，在建筑形象与装饰的创造上，更能汲取乡土文化与民间艺术的养分。因而许多乡土建筑，不论在平面还是在外貌上，反倒具有比城市建筑更为生动活泼的形式。

相关文献

刘敦桢主编《中国古代建筑史》，中国建筑工业出版社，1984 年。

侯幼彬、李婉贞《中国古代建筑历史图说》，中国建筑工业出版社，2002 年。

行

他们比我们西方人更多地用船来旅行。

——利玛窦《中国札记》

仇英《赤壁行舟图》

夜航船

《水浒传》第三十七回有一场景：夜晚的浔阳江畔，有梢公摇船渡客，宋江三人上得这夜间航行的小船“逃难”……《水浒传》是以北宋宋江起义为体裁而在明代写定的长篇小说，虽写宋事，但一些生活场景明代仍见影响。明代江河湖泊中，确有不少夜间航行之船。

明话本《张廷秀逃生救父》，就可为我们提供这方面的佐证：张家廷秀、文秀兄弟，从苏州去镇江，为避开“在航船上挨挤”，便选择了“便船”。便船“趁着顺风，连夜而走”。然而，这船主却是贼人，半夜时分船驶到焦山，便将张家兄弟捆绑投入江中……

看来，明代的夜航船并非一潭静水，而是常常泛起渣滓波澜，故而引起了对造船的议论。叶权在《贤博编》中就曾说：“小航船厚板周

谢时臣《关山行旅图》

札，高方如椽，仅留一门，非伛偻不能出。又牢固如室，上重下轻，既难举动，又易倒溺，此何拙也？有客对曰：‘此昔天下未平，江、淮间奸人为盗，故此以阱孤商，使不得仓促应变。行之久远，各效其式，遂成便利耳。今欲改造，其伙中群挤之矣。’此言虽近戏，细思未必不尔。”

因此我们常常看到对明代航船的讲解中，多有“非游人之利”的提示，如宋应星《天工开物》所叙江、汉之间的“课船”就是：“身甚狭小而长，上列十余仓，每仓容止一人卧息。”但倘若这类以载人为主的航船遇上大风浪，那是很危险的。张岱《海志》就记述了他乘此类船连续在夜间航行所遭遇的惊险：

夜潮平水落，舟勿颠动，五鼓潮来岸失，悉为大洋，赖缆固

仇英《浔阳琵琶图》中的游船

不漂没。风号浪驳，轰怒非常，或大如五斗瓮，跃入空中，坠下碎为零雨；或如数万雪狮，逼入山礁，触首皆碎。自卯至酉，舟起如簸，人皆瞑眩，蒙被僵卧，懊丧此来，面面相觑而已。夜半风定，开篷视之，半规月在山峡。风顺架帆，余披衣起坐。渡龙潭、清水洋，风弱水柔，波纹如縠，月色麗金，簇簇波面，山奥月黑，短松怒吼，张鬣如戟，吞吐海氛，蠢蠢如有物蠕动。舟人戒勿抗声。

如果再看看明人所绘《洞庭风浪图》，就更会增添这种夜间航行惊心动魄的印象了。

但即使如此，此类航船还是依旧建造、照行不误。这是因为

明代西方人眼中的中国商旅帆船

航船作为江南人们出行的一种简便的交通工具，是无可替代的。如王士性《广志绎》就记载当时的浙江绍兴城：“一街则有一河，乡村半里一里亦然，水道如棋局布列。”如无舟船，人们出行是无法想象的。所以，宋应星才有了“行人贵贱来往”，均以船代马车、麻草鞋用之说。

而航船在江南地区，数量也的确特别多。《天工开物》曾记“三吴浪船”：“凡浙西、平江纵横七百里内，尽是深沟小水湾环，浪船最小者名曰塘船，以万亿计。”这里的“亿”是指十万，虽为泛指，但其数应该是相当多的。即以船字命名的航船就有：少年船、看工船、琴书诗画船、盏饭船、秋千船、采篝船、春水船、卖鱼船子、橛头船、烟波画船、卖花船、蹋船、斋船、读书船……可以说江南的大江小河，都充满了来来往往的航船，好逸便者径自买来渡乘。

其中的原因，主要是由于江南的许多市镇本是邻水而建，如明末胡元敬《栖溪风土记》中所说的栖溪镇：“长河之水环汇焉，东至崇德五十四里，俱一水直达，而镇居其中。官舫运艘、商旅之舶，日夜联络不绝。”叶盛在《水东日记》中也说：“航船，吴中所谓夜航船，接渡往来。”

也就是说，数量众多的航船，之所以唤做“夜航船”，并非因其夜间航行而得名，在很大程度上是因为昼夜兼程而得名，以至成为江南水乡泽国出行的一个代名词。以明代扬州至杭州府水路为例，两地之间无论昼间夜间，来往渡船均航行不息，如日

仇英《赤壁图》

夜均有船至嘉兴府、杭州府等地。从湖州府城四门发往东、西、南、北四个方向的夜船也非常多，可通往各处水路。黄汴的《一统路程图记》中就有详细的记载：

如东门夜船，七十里就可到达震泽，又一百三十里就到苏州灭渡桥；至南浔，是六十里水程；至乌镇，是九十里；至琏市，是七十里；至新市，是八十里；至双林，是五十里。西门夜船，至浩溪、梅溪，全是九十里；至四安，是一百二十里；至长兴，是六十里；至和平，是五十里。南门夜船，至瓶窑，是一百四十里；至武康县，是一百七十里；至山桥埠、德清县，都是九十

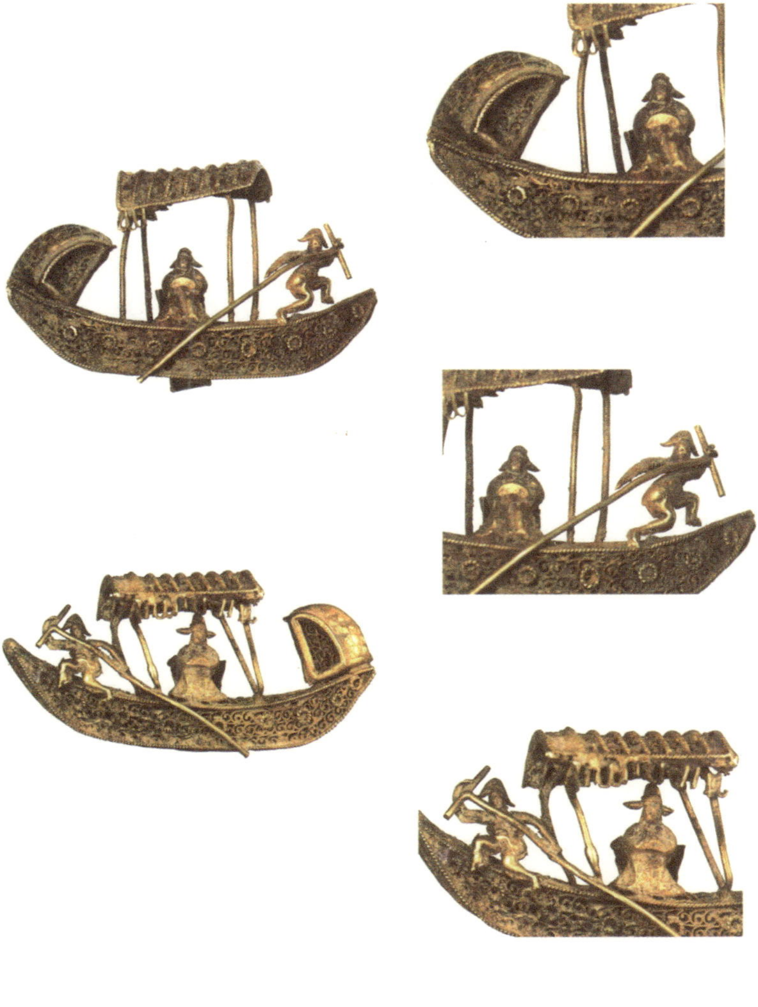

金累丝游舫小饰品，折射
明代船航已非常方便行游

里。北门夜船，行九十里，就到了夹浦；过太湖，入港九十里，就可到达宜兴。南门夜船，此船一路行向杭州，三十六里至龙湖，又三十六里至敢山，又二十里至雷店，又二十里至武林港（北五里是塘栖），向南五十里至北新关，二十里就到杭州。

从以上线路距离看，这些夜航船行驶十分准时，很有规律，这也说明这一方向的水路交通网当时已经很成熟。其实不止这一方向，据日本尊经阁文库所藏明《水陆路程》还可看出，当时以松江府为中心，已形成了十五条水路航运交通，把各市镇、县城连结在了一起，使人们的出行变得极为方便。

同时，乘渡船航行在似图画般的江南山水间，又是件非常惬意的事。王士性在《广志绎》中就曾不无得意地说：

衢州橘林，傍河十数里不绝。树下芰薙如抹，花香橘黄，每岁两度堪赏，舟楫过者乐之，如过丹阳樱桃林。

但人们乘坐渡船航行，多半则是如叶盛在《水东日记》中所说："船中群坐多人，偶语纷纷，盖言其破碎摘裂之学，只足供谈笑也。"也就是说，乘船航行者，为排遣旅途的寂寞，只得用闲聊来打发时间。

这也可以说是张岱著成《夜航船》一书的动因。从其书序言可知，在夜间航行的船上，来自四面八方各阶层的乘客，谈兴甚浓：

昔有一僧人，与一士子同宿夜航船。士子高谈阔论，僧畏慑，卷足而寝。僧人听其语有破绽，乃曰："请问相公，澹台灭明是一个人，两个人？"士子曰："是两个人。"僧曰："这等尧舜是一个人，两个人？"士子曰："自然是一个人！"僧乃笑曰："这等说起来，且待小僧伸伸脚。"

张岱所举事例，类似通俗笑话，令人忍俊不禁，然而它确实反映了由于长途昼夜航行，加之聚集一船的社会各色人群，犹如置身于茶坊酒肆，什么样的人物什么样的话语都会出现，这就需要有多方面的知识充塞于夜航船上。这也是为什么张岱会发出"天下学问，惟夜航船中最难对付"这样的感慨了。

因此，《夜航船》中所涉猎的知识几乎无所不包，如天文地脉，人物选举，考古礼乐，方术物理，若日用，若宝玩，若容貌，若九流，若外国，若植物，若荒唐，等等，"夜航船"真的堪称人们学习知识、交流信息的天地了。

也许受到了张岱的影响，明代的文学家创作出了许多以夜航船为背景的小说。如《钱秀才错占凤凰俦》中，颜俊娶亲时"大船二只""中船四只""小船四只""十余只船，筛锣掌号，一齐开出湖去"，使人似乎看到了一幅别开生面的以船迎亲的出行风俗画卷。又如《吴衙内邻舟赴约》中乘坐官船的吴府尹之子吴

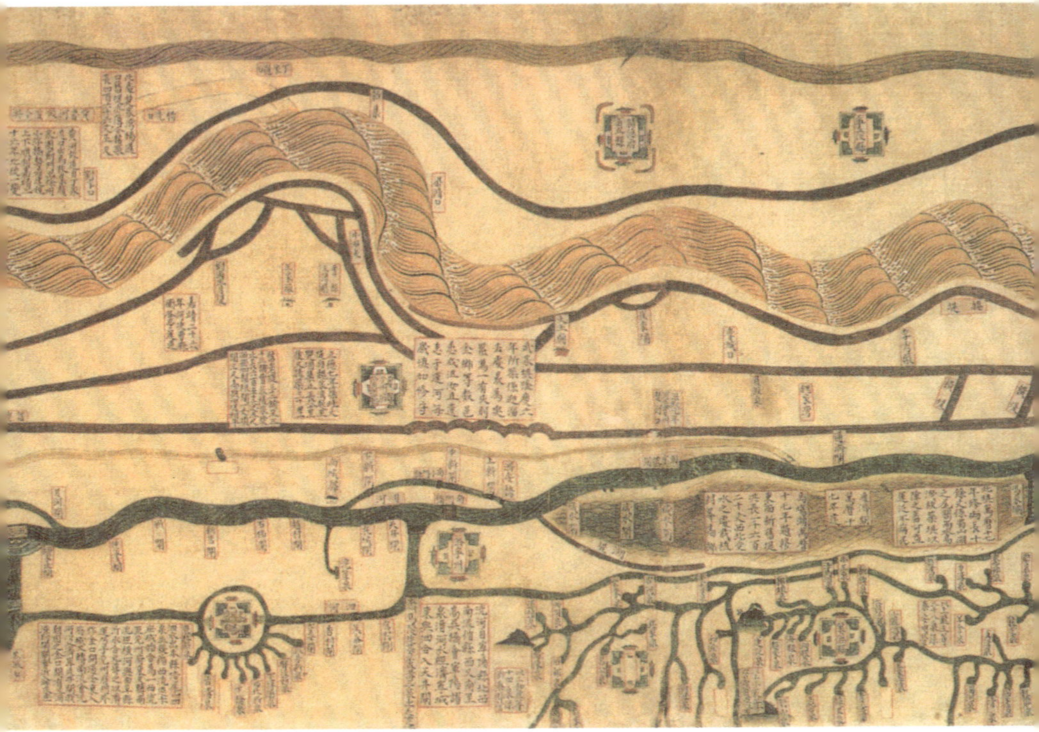

潘季驯《河防一览图卷》局部

彦，看中另一艘官船贺章的女儿秀娥，便利用夜晚两船并泊两家吃酒之机，潜入仓内，吴彦当晚就宿在了秀娥床上，“不想那晚夜半，风浪平静，五鼓时分，各船尽皆开放”。贺家船载着吴彦而去……

明代人以船出行竟是这等的丰富多彩，虽然其中不乏《蔡瑞虹忍辱报仇》中蔡家在航船上夜半被强盗几乎全部杀害，以及《杜十娘怒沉百宝箱》中李甲夜晚在船上变心出卖杜十娘……如此之类的“骇闻”。但无论是悲壮还是惊喜，无疑均为文学创作者提供了丰富的创作素材。他们据此加以敷衍，进行创作，又给以夜航船出行的人们以调解、以安慰，从而使明代人以夜航船出行的历程变得灵动起来。

相关文献

杨正泰《明代驿站考》（增订本），上海古籍出版社，2006 年。

《明会典》卷一百四十八，中华书局，1989 年。

驴骡马与车

明代的北京，如果有五六里的距离，是可以雇一小驴前往的。《祷杌闲评》第七回中，就描写了这样一个场面：

进忠道："有多远，从何处去？"那人道："有五六里远哩！往西去不远就是大街，叫驴子去，那掌鞭儿的认得。"进忠拱拱手别了，出巷子来，引着娘走上大街。见牌楼下有一簇驴子，进忠道："赶两头驴来。"那小厮牵过驴问过："那里去的？"进忠道："椿树胡同。"母子二人上了牲口，一刻就到了。掌鞭儿道："是了，下来罢。"进忠道："送我到班里去。"驴夫道："进胡同就是了。"二人下来还了钱。

据此我们推断，在明代的北京是有租赁毛

明世宗骑马像

驴行业的，而不像有的专家认为的北京租赁毛驴行业是从清代才有的。陈铎曾有一首名为《赶脚》的散曲这样描述："才喂了料草，早备上鞍桥。一根荆棍手拿着，撵驴、骡乱跑。冷茶冷饭吃一造，或砖或土眠一觉。漫山漫岭走一遭，又一日过了。"赶驴、骡捎脚、驮运已成明代一种很辛苦的职业，所以长途则往往由骡子充当。明代小说《刘东山夸技顺天门　十八兄奇踪村酒肆》中的刘东山，自河北河间赶着十余头驴、马到北京转卖，交易完毕，到宣武门"雇骡归家"。

这一点告诉我们，毛驴也是很具耐力的交通运输工具，主要表现在耐渴能力、抗病能力均强，饮水量少，食量小，不苛求饲料，性温顺，善走，适于驮运，较远的路途也能胜任。所以，明代许多士大夫都愿意骑驴漫游。万历进士郎兆玉在《都下清明竹枝词》中就有；“载酒跨驴郊外去”这样的描述。一般稍有资产的人家，也常备毛驴充当坐骑。明代小说《刘小官雌雄兄弟》中的刘公“迎医”便是骑的毛驴，“那太医也骑个驴儿”来看病。不过毛驴较之骡子恐怕要差一些，骡子的四肢长而有力，且极耐粗食，体质强健。

因此，刘东山为了尽快回家，便雇了一头“健骡”。看来当时租赁骡子或许已单独成了一个行业。如《醒世姻缘传》第四十回，狄周“到东关雇骡市上”，去雇个行脚。在《如梦录》中，也可见到买卖骡子成“市”，为“大店”的记录。不过骡子的买卖市场也以“马市”命名，以至开封形成了这样的一条街——“马市街”。这是由于马在社会生活中所担负的乘骑、运输的重要作用所决定的。像沟通中央与地方联系、传递文书谍报、连接全国陆路交通的驿马，堪称国家的大动脉，为人所熟知共认。具体到个人，骑马出行也已很普及，故雇马行业应运而生。明代传奇《三元记》中，就描写了襄阳城中一马夫靠一匹马“赶脚”“养家活口”的故事。甚至宫廷里也将“骑马”列为一桩大事。

如允许在“内府骑马”，这在当时是一种至高无上的荣誉。反之，凡遇万寿圣节、正旦节、皇家大婚礼、诞生庆典等，内府骑马者则都要贡献一匹马，有时皇帝还要亲览所进之马，因此朝廷很重视“进马”，要予以验收，一旦发现有不合格的马，必重责进马人，有的甚至“几毙杖下，所以马价踊贵焉”。

仇英《孝经图》局部

政府提倡“骑马”，并以此为贵，这在很大程度上促使了“马市”的兴隆。《隋史遗文》就曾描写过秦琼卖黄骠马的故事，从另一个侧面向我们展现了明代“马市”所呈现出的兴旺程度：

雄信膂力最狠，那马到筋骨崚嶒，分毫不动；托一托，头至尾，准长一丈；蹄至鬃，准高八尺，遍体黄毛，如金丝细卷，并无半点杂色。

因为这匹黄骠马有千里驹之名，故秦琼索价也较高，本来他是卖

明《出警图》局部：骑马奏乐

五十两银子的，可是怕价高难于脱手，故只要三十两银子。即便如此，这些银两在《隋史遗文》作者袁于令生活的明后期，仍是笔不小的钱财，以每两黄金折合白银五两计算，秦琼的黄骠马至少值十两黄金。

尽管马价昂贵，但因人们出行尤其是长途旅行，以骑马为佳，所以人们对骑马格外钟情，不惜花重金购买好马。有专家认为，明人买马，在很大程度上还是局限于贵族人物，如骑马就必须配一副价值不菲的鞍子。这样的说法不无道理，但也未必尽然。反映明初北方语言口语的《老乞大谚解》，其中就有买卖马场面的记载，由此可知，在民间马的买卖也是很活跃的。当时一匹好马的价格也就八两银子，歹马只需六两，品种也很多：

> 儿马、骟马、赤马、黄马、鷀色马、栗色马、黑鬃马、白马、黑马、锁罗青马、土黄马、绣膊马、破脸马、五明马、桃花马、青白马、豁鼻马、骒马、怀驹马、环眼马……眼生马、撒蹶的马、前失的马、口硬马、口软马……

而且买卖马的生意已十分规范。《老乞大谚解》所说辽东王某，将买到的一匹赤色骟马卖与山东济南李五，便立下了一张价钱非常清楚的契约文书，买人也在上面画了押。

马匹的买卖，促使着马在交通中的作用日益增强。据《杜骗新书》记载："荆南道上，人多畜马，以租行客，日收其利。"马

戴进《关山行旅图》局部

不单是坐骑，也是运输的重要力量，宋应星《天工开物》中就有“今服马驾车以运重载”。这种载重车辆多是四轮大车，“量可载五十石，骡马多者或十二挂或十挂，少亦八挂。执鞭掌御者居箱之中，立足高处。前马分为两班。纠黄麻为长索分系马项，后套总结收入衡内两旁。掌御者手执长鞭，鞭以麻为绳，长七尺许，竿身亦相等”。

这样的马车主要是为运载货物，而且雇佣很方便。明代小说《二刻拍案惊奇》卷二十一：王爵雇一辆满贮行李、载棺材的车，车户李旺也随行。但也有专门载人的马车。不过在明代，似乎这方面的记录少一些，倒是骡车在这方面所起的作用相对多一些。

蒋一葵《长安客话》记载，南京的陈大声嘲北地巷曲中人，其中第一句就是：“门前一阵骡车过，灰扬。”这话意在说北京街道灰尘多，不卫生，但不经意却说出了当时北京骡车的繁忙景象，否则怎会“一阵”？所谓骡车，据《天工开物》记载：“有四轮者，有双轮者，其上承载支架，皆从轴上穿斗而起。四轮者前后各横轴一根，轴上短柱起架直梁，梁上载箱。马止脱驾之时，其上平整，如居屋安稳之象。”

最后一句是“画龙点睛”，表明不管道路多么不平，骡车的车厢都像“居屋”那样“安稳”。乘这样的车出行，应该是很舒服的。《天工开物》还记载了两种专门载人的车，一种是“独辕车”，即通常所说的“独轮车”。明代远出旅行者，许多都采取乘坐“独轮车”作为交通工具。如利玛窦在《中国札记》中叙述其

仇英《明妃出塞图》中大车
为明北方地区主要运载工具

陆路旅程时，就这样记载：

那是这个国家一种常见的旅行方法，既省时间又舒适。他们使用一种建造在独轮上的车，一个人两脚分开跨坐在中间，好像骑在马上那样，另有两人一边坐一个。这种手推车或者说小货车，由一个车夫用两个木车把推动。它提供了一种安全而迅速的旅行工具，利玛窦神父就是这样来到苏州的。

而牛驾的却称为“轿车”“独盛中州”，这就是《清明上河图》中那种上有棕盖下像居室的载人牛车的继承和发展。这种车，“两旁双轮，中穿一轴，其分寸平如水。横架短衡，列轿其上，人可安坐，脱驾不欹”。

这些车都是依靠牲畜为主要动力，缺乏一定的灵活性。于是有人发明、制作了一种木结构的自动车。齐东野人于《隋炀帝艳史》中对此有记载：

这人姓何名稠，原是献“御女车”与炀帝何安的兄弟。因打听得炀帝宫中游幸，只是步行，他便弄聪明，逞奇巧，制了一个转关车儿来献。这车儿下面，用滚圆的轮子，左右暗藏消息，可以上，可以下，登楼转阁都如平地一般，转弯抹角一一皆如人意，毫无滞涩之弊。又不甚大，一人坐在上面，紧紧簇簇，外边的轮抚，一些也不招风惹草。又极轻便，只消一个人推了，便可到处去游幸。又制得精工富丽，都用金玉珠翠缀饰在上面，其实是一件鬼斧神斤的妙物。

崔子忠《藏云图》中的四轮乘人车

这车使用起来，“果然快便如风，左弯右转，全不消费人气力；上楼下楼，比行走还快三分”。隋炀帝大喜，将此车赐名为“任意车”。

明末清初徐翥先《香山小志》中，曾记载同时代人徐正明发明创造的一种“飞车”：“如栲栳椅子式，下有机关，齿牙错合，人坐椅中，以两足击板上下之，机转风旋，疾驶而去，离地尺余，飞渡港汊不由桥。”从这种“飞车”中，我们分明可以寻到“任意车”的影子。

相关文献

刘仙洲编著《中国机械工程发明史》，科学出版社，1962年。
张仲葛、朱先煌主编《中国畜牧史料集》，科学出版社，1986年。

城市街道

明《皇都积胜图》展现给我们的北京街道是宽敞的、整洁的：画卷之首，就是绿阴大道上，二三行人和一辆独轮车相伴北去。前面不远，两位差役押解着一辆八骡大车，缓缓前行，两匹快马从旁掠过……明代北京的街道，成了《皇都积胜图》的开端，这表明街道对城市极端的重要性。图中所画横亘在金水桥前的那条石砌大路，几乎成了明代北京城的标志。

当然，这是由于北京为全国首善之区，统治者格外重视其所居之地的出行，故而对街道的建设投入力度较大较多。特别是所谓的“御道”，明人所作《隋炀帝艳史》第十回，就详细记载了明代的这类设计、施工，是城市街道能够达到的最高程度的展示：

明《四声猿》剧图：齐整干净的明代城市街道

这条御道，自显行宫开起，直开至西苑，有一二里远近，四五丈开阔。先以黄泥填实，又将石灰铺平；上面却将白石砌面，石上都细细凿了蟠龙舞凤的花纹；又将青石凿成栏杆，列在两边；栏杆外都种参天的长松高柳，一路上翠碧交加、阴阴森森，其实可爱。又在半中间盖一所四方八面的驻跸亭。将到西苑，又造一座迎仙桥，一路树里面又造许多营房，与侍卫的军士们歇宿。

小说中的“御道”，尽管有文学匠心的布置，但将它作为京城的主要街道来看还是没有问题的，其重要性不言而喻。另从《凤阳新书》的相关记载看，建于凤阳县内的“中都城”，从大明门至午门，就建筑了长达三里多的“御道”；城内修筑街道达二十八条之多，而且在皇城内外均修筑了十分考究的汉白玉石大街，并为之配套地修筑了下水道，从而使“中都城”尚未修筑完毕，就凸现了富丽堂皇的气派。

因此，“御道”最能集中体现明代城市街道的面貌。如《长安客话》中就曾云：大明门前的棋盘街，府部对列街之左右，天下士民工贾云集于斯，一言以蔽之，“此亦见国门丰豫之景”。也就是说，首都的街道景观，关系着统治者的尊严。正因如此，明代北京内外城共十六座城门，连结每座城门，都修有一条又直又宽的大街，全城这样的大街多达三十余条，从而形成了北京独有的“棋盘式”即方正平直的道路分布系统。街的大小都是有定制的，大街宽二十四步，小街宽十二步，最小的道路则称为巷或胡同，胡同遍布内外城，总计多达一千余条。

但是明代北京城的街道，从总体来看，却并不完全像《皇都积胜图》描画的那样尽如人意。意大利人利玛窦在《中国札记》中曾说：

北京很少有街道是用砖或石铺路的，也很难说一年之中哪个季节走起路来最令人讨厌。冬季的泥和夏季的灰尘同样使人厌烦和疲倦。

明佚名《南都繁会图卷》街道局部。此图店肆密布，技艺纷呈，堪为明代南京商业买卖游览指南向导

这就告诉了我们，明代北京的大多数街道平常是不太卫生的，甚至可以说是非常肮脏的，特别是在雨雪之时更是如此。《松窗梦语》中曾记载了嘉靖中叶，王廷相对人讲述的他于一次雨后行走在北京街道上的“遭遇”：

昨雨后出街衢，一舆人蹑新履，自灰厂历长安街，皆择地而蹈，兢兢恐污其履，转入京城，渐多泥泞，偶一沾濡，更不复顾惜。

由此看来，明代北京城内外，路况均有些糟糕，一旦狂雨骤雪，道路上立刻便泥泞成堆。其中一重要原因，恐怕就是道路未及时加以修整、清理。正像兵都尚书马文升，于弘治六年在上《洁净皇城门禁以壮国威事》奏本中所说的：“东西长安门外通水沟渠，年久淤塞，水不能行。”

虽然皇帝采纳了改善沟渠淤塞的建议，规定于每年的三月进行“淘沟”。但据沈德符在《万历野获编》中的记载：“甫至春深，晴暖埃浮，沟渠滓垢，不免排浚，然每年应故事而已。”显然，皇帝的命令并没有得到有效的贯彻执行。这与徐渭《燕京五月歌四首》中所说的“近日已闻将扫括，不须遮鼻过风头”情况，似乎又有矛盾之处。事实上，即使沟渠疏浚了，如何维持街道的卫生仍然是个难题。

因为清沟，淤泥秽物得不到及时处理，行路更难。明末的袁

沈周《两江名胜图册》，明代南京街道

仇英《仿清明上河图》

仇英《仿清明上河图》

仇英《仿清明上河图》

中道在北京的三月上街出游，正逢淘渠，骑马不能，只好步行，回来时天已黑，他在《游高梁桥记》中，称这一天为“狼狈沟渠间”，其窘相可想而知。更为可怕的是，由于清沟的粪秽堆显街上，得不到及时清理，其恶臭也常常使人作呕。谢肇淛在《京邸与人杂书》中就这样写道：

长安二三月间，土膏变动，暖气上腾，家家户外沟渎，一时翻浚，秽沉狼藉，平铺交衢，人马践之，辄陷衣体，臭腐经月不消，触鼻入喉，靡不眩逆呕哕，浸成瘟疫。

街道可以酿成瘟疫，这大约是出人意料的，但又恰恰是明代北京街道卫生状况的一个真实的侧面。然而，并不是所有明代城市的街道都像北京这样脏乱不堪，沈德符在《万历野获编》中，就比较了明代“两京街道”，认为就街道而言，“惟金陵最宽洁”。根据这一提示，我们以明代来华的葡萄牙人克路士在《中国志》中描写的广州街道为例：

城内街道笔直划一，没有转弯抹角的形迹。大街比里斯本的新铁市街还要宽些。所有的十字路和大街一样直。总之，大街小巷没有转弯处。街道都铺得很好，靠近房屋的路面要高些，路中间要低些，便于排水。大街上有横过路面的牌楼，高大又建筑精美，街道因此显得美观，城池变得气派起来。沿街房屋有一间接一间的铺面，铺里和牌楼下售卖多种商品。

西班牙人门多萨在《中华大帝国史》中的相关叙述，也印证了克路士的说法，即明代南方街道尤其城市的街道，大都是相当整齐、宽阔而又很美观的。他这样记载：

道路到处都用四角石头漂亮地铺成，缺乏石头的地方则使用砖。在这次旅行中，我们经过一些山，那里道路修得整齐，很多地方不比在平原地区修得坏。这使我们认为，全世界都没有比中国人更好的建筑工匠了。

漳州的街道，及我们看到的其他城市的，都很平坦，大而直，看来使人惊叹。……街道宽到十五个人可以并排在上面骑行而不挤。

万历年间童养中在《胭脂记》刻本中所配插图，描绘的可能就是漳州这样南方城市街道的景象——药铺前一条道路十分平坦，似乎砖砌，大而直，非常宽敞，从而也就便于在街道两旁设立店铺。作为明朝陪都的金陵，就是这样的一个典型。据南京博物院所藏明人绘《南都繁会图卷》统计，仅画面中街道两旁的店铺招牌就有一百零九种之多。如城内的“细绒老店”“勇申布庄发兑”“粮食豆谷老行”“铜锡老店”“京式小刀”“上细官窑名瓷”“梳篦老铺”“画脂杭粉名香官皂”“靴鞋老店”“立记川广杂货”“福广海味”“西北两口皮货发售”“应时细点名糕”“万源号通商银铺”……城外街道两旁则有：“牛行”“猪行”“羊行”“驴行”“鸡鸭行”“油坊”“染坊”，等等。这正如克路士在《中国志》中所说的：“商人的大街是最主要的大街。”

正是由于街道建设关乎城市的经济生活命脉，故朱元璋定都南京伊始，就十分重视南京城的街道建设。《客座赘语》中就记载了朱元璋曾恩赐王溥所居住的街道为“宰相街”，以示恩宠。又对立于乾道桥的富乐院这一街道如何行走做出具体的规定，如男子令戴绿头巾，腰系红搭腰，足穿带毛猪皮靴，不许街道中走，止于道边左右行……街道，已成为明代城市文明程度的一个象征，冷热升降，是不容半点马虎的。

相关文献

周晖《金陵琐事·续·二续》，国学珍本文库本。
陆深《春风堂随笔》，古今说部丛书本。

行路指南

自嘉靖以来，大量的士人不约而同、持续不断地走上了远行的旅途。当然，这其中不乏“宦游”者，但明中后期热衷于旅行的士人，大多是不迷信书本已有的记载，注意将书本知识和实地考察结合起来的身体力行者。

他们的旅行又因地位、经历、视角的不同，呈现出不同的特色。像张翰《松窗梦语》中关于全国各地的记载，王士性《广志绎》关于西南诸省见闻的记述，以及叶权《贤博编》关于江南、王临亨《粤剑编》关于广东地区的记载，《徐霞客游记》中关于人文地理现象的记载等等，尽管他们的目的各异，观察角度不一，但他们的出行文字就其实质可以当作明代的行路指南看待。如王士性《广志绎》记述的“西南诸省”“广右一路可通贵州”：

乃由田州横山驿八十里至客庄驿，平。五十里归洛驿，平。一百二十里往泗城州㢋驿，有小岭。一百二十里路城土，有岭。一百二十里安隆长官司，崎岖。四十里打饶寨，可行。六十里北楼村，五十里过横水江至板柏村，俱崎岖。七十里板屯驿，路窄草木密。六十里洞洒村，有石。二十里安龙所，崎岖。六十里鲁沟，可行至贵州。

连路上有无草长都记载得相当清楚，按此路途指南行走的话，当是准确无误。这还不是那些非常有针对性、完全是为方便出行而专门编纂的著作。明初，政府曾经组织人力编撰过一本《环宇通衢》，尽管有所缺失，但就当时条件而言，已为最详细的全国水陆交通路线图了，依据此书，可以极大地方便人们的外出远行。如书中关于南京至十三布政司水马驿站和行程道里的记载：

浙江水驿十三，为里九百四十八。福建水马驿四十一，为里二千八百四十五。江西水驿十五，为里一千五百二十。广东水马驿四十五，为里四千三百九十。河南水驿三十一，为里二千八百四十五；马驿二十二，为里千一百七十五。陕西水马驿一十一，为里四千一百；马驿四十五，为里一千四百三十。山东水马驿二十九，为里千九百一十五；马驿二十六，为里千四百八十四。山西水马驿五十，为里四千三十；马驿二十二，

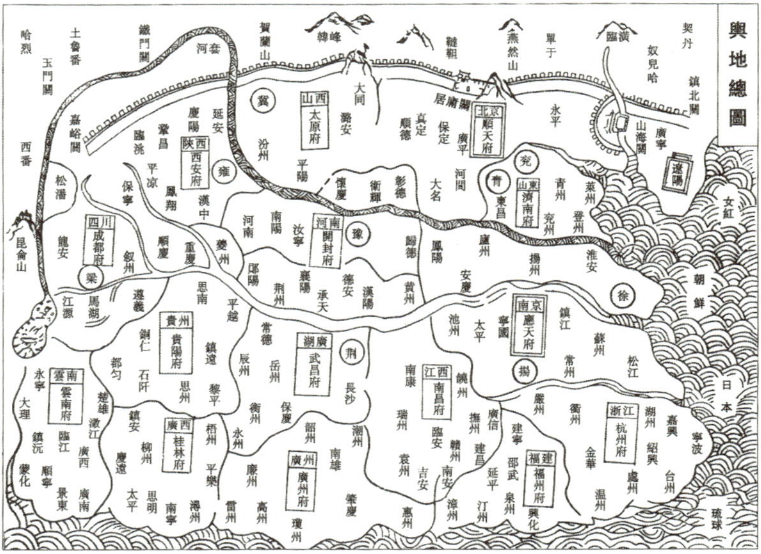

明《士商类要》地图

为里二千三百八十。

当时还有一类为方便商人出行而专门撰写的类似于行路指南之类的书籍，则更为详尽。这类书不是单纯记述行走方向、道路远近，同时还从多种角度记述外出远行路途上所能遇到的各种问题。这类的著作有《一统路程图记》《华夷风物商程一览》《水陆路程》《士商类要》《天下路程图引》《客商一览醒迷天下水陆路程》《图像南北两京路程》等。

安徽休宁人黄汴，积二十七年之功编撰而成的《一统路程图记》最具代表性。该书乃是有感于其家住在山中，不通行旅，不谙图籍，自小随父兄泛江陆行，前路渺茫，苦于询问，于是多方搜集行路程图，辑录了路引一百四十四条，书中记述各省道路起讫分合、里距行程、水马驿站十分详尽。

尤其难能可贵的是，黄汴是抱着“编为之旌导”的理念来编撰他的这部行路之书的，所以他特别认真负责地用自己数十年外出远行的亲身体会和耳闻目睹的实情，构建起了他的这一带有经商色彩的行走“路程图”，以最大限度地给外出行路者以正确、周到的引导。如书中记述“大江上水，由洞庭湖东路至云、贵”：

南京上新河有聚无产，风怕西北，不可久泊，有货当入港。草鞋夹中，虽谨慎，无风浪之防，夜偷摸，粗细货皆要；日调包，闻贱休买。盐船泊此候掣，柴炭至此抽分，木商至此再抽。芜湖泊船虽入港，江口怕风，此港深急，行步宜慎，门摊不税。江通巴蜀、云贵、湖广、江西、两广，南北商人交易于此，有聚无产，牙行诚实，利心轻。

这已远远超过了行路的范畴，传授的全是商业经验。虽然其中也有指导如何行船之语，但其宗旨也是服从于贸易这一目的的。由此看来，明代外出经商诚非易事，不仅要面对峻山险浪，还要时刻注意商业欺诈，更要提防出没的盗贼。如黄汴在叙述北京至南京、浙江、福建驿路时，就特意警示：“自北京至徐州，响马贼时出，必须防御。”

但这类书中，更多的是向行走在旅途上的人，送上一份温馨的关爱。如瓜洲至庙湾场水路：

客店草篱茅舍，无夜盗之虑，有火延之防。夏疫宜慎。

至于广城，阳泄阴盛之地，花不谢，雪不下，人多湿疾，宜保真元，自不能人。

草平路上，脚夫弱，饭店洁。其中体贴入微甚至涉及到了如何雇轿行走这样的细节，如自杭州府至休宁县齐云山路：自余杭县至山顶，每处十里。杭州轿，在观音桥雇。歙县轿，在余杭雇。

从明代的另一部类似的图书《江湖奇闻杜骗新书》所记，则可以得知明代旅途雇轿行走已非常普遍：城西驿上至建溪陆路一百二十里，常轿价只一钱六分；或路少行客，则减下一钱四分或一钱二分，亦抬。但先邀轿价人手，便五里一放。略有小坡，又放下不抬。大抵坐轿两分，步走一分。凡往来客旅，无不被其笼络者。这其中显然带有某些欺诈的成分。相比之下，《一统路程图记》中所张扬的，更多的是人情关怀。

黄汴还注意在人紧张疲劳之时，引导旅途之人以别样眼光去领略旅途风光之秀。如杭州至普陀山水路则轻松点染：本山为观音道场，景有潮音洞、一窍通天、善财洞。盘陁石可坐百人。三摩地有亭，奇石错立。真歇庵、无畏石、狮子岩，形若也；正趣峰、灵鹫峰、观音峰，皆为绝胜。

《士商类要》在内容上和《一统路程图记》一样，凡是商人

万历《新刻出像音释古今幼学连珠统汇故事》，旅途商者之间温情互助

须知，有助于外出休养，都统统融于一书，诸如客商规矩、贸易经营、为客要求、买卖机关、杂量统论、运粮船数，乃至乾坤定位、人伦三教、起居之宜、四时调摄、王府分布、官职俸禄、历科及第、人事防闲、先贤名士、起置诸物等等无不面面俱到。

书中这种鲜明的人文特色，显然与编纂者程春宇的长期出行游历有着密切的关系：甫成童而服贾，车尘马迹，几遍中原，故土俗之淳漓，山河之险易，舟车辐辏之处，货物生殖之区，皆其目中所阅历。至于天文、世代、古迹、遗墟，又悉心推测访求，或得诸故老之传闻，或按残篇之记载，旁搜广摭，不啻若铁网取珊瑚，靡所漏佚。

程春宇将其长期旅途经历所积累的各方面知识，渗透于《士商类要》，力图培养出像他那样的不仅熟悉商业知识，还熟悉天文、地理等各方面知识的外出远行者。《士商类要》中所记录的关于观察天文气象方面的谚语，对行路就能有重要的帮助：

春、夏二季常有风暴，若遇天气湿热，其日午后或云起，或雷声，所起之方，必有暴风，急宜避之。

秋、冬二季虽无风暴，每日行船先观四方。天色明净，五更初解缆，至辰时以来，天色不变，虽有微风，毋论顺与不顺，行船不妨。

同时，程春宇还将一些水陆交通线路编成歌谣，以便于旅行者在旅途中应用。如《水程捷要歌》《水驿捷要歌》，或因水陆交通有感而作的《陆路诗》《水路诗》。这些歌谣，文字通俗，易懂易记。如《水程捷要歌》：

一自渔梁坝，百里至街口。八十淳安县，茶园六十有。九十严州府，钓台桐卢守。橦梓关富阳，三浙垄江口。徽郡至杭州，水程六百走。

不仅如此，为帮助士商记忆历史知识，程春宇还编写了历代历数歌、历代国号诗、历代名贤功臣等诗歌。从这些方面看，该书与《一统路程图记》二书，无愧为当时人赞誉为“万里在一目中”的“有用之书”。

相关文献

戴冠《濯缨亭笔记》，《说郛续》本。
陈士元《俚言解》，明万历刊本。

漂海又陆路

15世纪末，朝鲜人崔溥奉李朝国王成宗之命，撰写进呈了一部名为《漂海录》的游记性著作。所谓“漂海录”，乃是记录崔溥等四十三人，自弘治元年（1488）从朝鲜半岛的济州乘船赴明朝，途中遭遇暴风雨，漂至中国浙江台州府沿岸县份并因此行经运河全过程而得名。由于崔溥逐日认真地记录了他在中国的行走经历，故《漂海录》不仅给异邦朝鲜，也给明代人提供了一份全面而又生动的从南到北的交通行走图卷。

虽然书名为《漂海录》，实际上崔溥所记并不止于“漂海”，其中也有陆路相伴。崔溥在中国经过之处，“水有红船，陆有铺马，凡往来使命、贡献、商贾，皆由水路。若或因旱干闸河水浅不能通船，或有火驰星报之事，则由陆路”。

也就是说，崔溥并非完全“漂海”，也有许多时间是走陆路的，或水陆并用。崔溥进入中国内陆后，其行程大致是先由陆路至杭州，从杭州沿南运河至镇江，自镇江渡长江至扬州，再沿北运河直往北京。由北京至辽东九连城，行程八千八百余里。

如崔溥自武林驿经吴山等地，即为水路中之陆路。沿北运河北上，则又走水路，计有：邵伯、孟城、界首、安平、淮阴、清口、桃源、古城、钟吾、直河、下邳、新安、房村、彭城、夹沟、泗亭、沙河、鲁桥、南城、开河、安山、荆门、崇武、清阳、清源、渡口、甲马营、梁家庄、安德、良店、连窝、新桥、砖河、乾宁、流河、奉新、杨青、杨村、河西、和合，至通州潞河水马驿，共计三千三百余里。

自潞河水马驿走陆路，计有：夏店、公乐、渔阳、阳樊、永济、义丰、七家岭、滦河、芦峰口、榆关、迁安、高岭、沙河、东关、曹庄、连山、杏山、凌河、十三山、闾阳、广宁、盘山、高平、沙岭、牛家庄、海州、鞍山、辽阳等驿至辽东城，共计一千七百余里。

水路，崔溥主要是在运河沿线行走，这一区域可以说是明代交通最发达的地区。《漂海录》有崔溥与明朝官员傅荣的一段对话，对此做了注脚。傅荣不无炫耀地说：

足下观我大国制度以谓何如？自江南抵北都，旧无河路，自至正年间以来，始为通路之计，至我太宗朝置平江侯以治之。疏清源，浚济、沛，凿淮阴，以达于大江。一带脉络，万里通津，舟楫攸济，功保万全，民受其赐，万世永赖。

崔溥则实事求是回答：

向非此河路，则我等于崎岖万里之路，有百技跋行之苦。今乃安卧舟中以达远路，不知颠仆之虞，其受赐亦大矣。

崔溥的话并非客套之词，而是非常明确地表明了运河地区的水路交通是十分安全可靠的。这也是与运河地区的水路交通设施的完善、周密分不开的，对此，《漂海录》中也有明确的记载。

如崔溥在沿运河行进过程中，就记录了许多“浅”，这些“浅”是：第五浅铺、子婴浅、三汊浅铺、张思忠浅、白庙浅、皂河浅、青墩浅、沙方浅、龙江浅、匙头湾浅、合沂浅、马家浅、夹沟浅、金沟儿浅（三处）、上下浅、沙湾浅铺、北下浅铺等。

这里的“浅”，不是指河流中的自然浅滩，而是指在“浅”处为挽船只设立的“浅铺”，是为方便运河航船而设立的一些辅助交通设施。如崔溥过慈溪西坝厅时，看到的于坝“两旁设机械，以竹绹为缆，挽舟而过”即为其例。明代运河航运中“浅”的设置，主要分布于扬州府的高邮至徐州府沛县一带，“浅”所设浅铺，均配备有相应的材料设施和充足的人夫。据《隆庆宝应县志》记载，该县“浅铺”，仅“浅夫”就有二百三十八名，每年需备桩木四千三百根、草四十三万束。

又如《漂海录》所记的“闸之制”，其设施也十分完善：“两岩筑石堤，中可容过一船，以广板塞其流以贮水，板之多少随水浅深。又设木桥于堤上，以通人往来。植二柱于木桥两旁，如现之制，船至则撤其桥，以索系之柱，勾上广板通其流，然后扯舟以过，舟过复塞之。”

正是由于有了这样的闸，才解决了运河航运中有时“水势散涣，不能负舟”这一难题。如“自新店至师氏庄，犹浅涩有难处，每漕船过此，上下毕力，终日叫号，进寸退尺，必资车于陆而运。自立此新闸以后，舟行得其安且顺也”。

书中所记“洪之制”：两岸亦筑石堰，堰上治牵路，亦用竹缆以逆挽之。挽一船，人工夫则百余人，牛则十余头。若坝、若闸、若洪，皆有官员聚人工夫、牛只以待船至。崔溥沿运河所经过的广陵驿、邵伯驿、孟城驿、界首驿等地，每处仅水夫编制就达一百七十名之多，最少的安平驿也有一百五十名水夫。这主要是因为这些驿站，航船经过闸坝主要靠外力牵挽，故水夫特多。

充足的人力配备，加上完善的道路辅助交通设施，对运河中船只的正常行驶有很大的帮助。崔溥所记过“百步洪”时的情景，即为这样一个例子：由于该处“水势奔突，转折壅遏，激为惊湍，涌为急溜，轰震霆，喷霰雹，冲决倒泻，舟行甚难”，所以只能用百余人循两岸的“牵路”，用竹索缚舟，逆挽而上。这当然也得益于铺石坚整的“牵路”，可是在明以前，此路却低下窄小，稍遇水涨，无路可寻，水退则土去石出，艰于步履。由于明政府派专人相继修补，用石板甃砌，扣以铁锭，灌以石灰，才使得“牵路”异常牢固，从而有力地保证了运河航船的牵引前进。

明代的陆路交通毫不逊色于水路，因此崔溥即使舍舟登陆后，并未感到有任何不适之处。史料记载，明朝的陆路交通也有一整套管理制度，如崔溥从北京往东北行进的陆路即“东北路”，就有明确的路线——经通州潞河驿（今北京通州区东）、三河县三河驿、永平府滦河驿（今河北卢龙县南）、山海关迁安驿（今河北临榆县东），过广宁十三山驿（今辽宁锦县东北）、海州卫（今辽宁海城县）、鞍山驿（今辽宁鞍山西南）、辽阳镇（今辽宁辽阳市）、沈阳卫（今辽宁沈阳市），抵开原卫（今辽宁开原县北），接东北地区诸驿路。

由于路线长、驿站多，所以设置专门的机构进行管理就显得格外重要。《醒世姻缘传》第八十八回，就有崔溥所述的高邮州盂城驿，其驿丞到任后，要发布告示、升堂画卯，驿书、马夫、徒夫分班的参见，这一切都表明，该驿站的规矩还真的不少。根据崔溥的观察，明代的“驿路甚大”，具体大到何等程度，仅举一例便知端详：明正德年间，剑州知州李壁修筑川陕栈道南段梓潼、昭化间三百里驿道时，多用石板铺面，路面有的地方宽达

仇英《仿清明上河图》

两丈。

所以我们不难理解《金瓶梅词话》第四十八回，西门庆令来保雇两匹马从山东清河出发，仅五天就赶到了京城。其中固然与马快有关，但最主要的还是由于当时驿道的平坦与宽阔。而第五十五回述西门庆乘凉轿，四个小厮骑马也是从清河上路去京城，一天之内“迤逦行来，却走了百里路程”。这些并非向壁虚造，而是与明代陆路交通通畅的史实相应。

崔溥还观察到，明代的陆驿相距或六十里，或七八十里，自潞河至会同馆四十里，皆水路中之陆路，故相距近，铺之相距或十里，或二三十里。据专家研究：崔溥的记载，与明代驿站的实际分布情况是完全相吻合的。明驿站江南运河段吴山驿至京口驿十驿之间，则平均为六十余里，长江以北自广陵驿至通津驿四十一驿之间，平均为八十里左右，其中间距达百里的只有三个。

正是依托着如此完善、周密的交通设施，尤其是一般相距三十至四十里或五十至六十里而设置的设施完善的陆驿，崔溥才得以在一百三十六天时间内，跨越了大半个中国，实现了许许多多明代人毕生都实现不了的出游行走的愿望。

相关文献

郑晓《郑端简公今言类编》，丛书集成初编本。

卢嘉锡主编《中国科学技术史·交通卷》，科学出版社，2004 年。

远洋爪哇

在明代文学作品里，经常出现“爪哇国”的记载，如《初刻拍案惊奇》第二卷，形容拐人骗财的汪锡“吃这一惊，把那一点勃勃的春兴丢在爪哇国里去了”。又如《金瓶梅词话》第二回，西门庆见到潘金莲“先自酥了半边，那怒气早已钻入爪哇国去了”。第十二回，西门庆打潘金莲时，见潘“跪在地下，那怒气早已钻入爪哇国去了”。第五十四回，形容西门庆害怕，“一个惊魂落向爪哇国去了”。

如此频繁地使用“爪哇国”，用以比喻极远之地、渺茫之境，这等于告诉我们：爪哇国已为明代人极为熟悉，而且明代人足迹已常至此地，否则“爪哇”不会屡屡出现在极受大众喜闻乐见的小说中。据《三宝太监西洋记通俗演义》第三十四回记载：“这个国，汉晋以前不曾

明运河运货的帆船

闻名，唐朝始通中国，叫做诃陵，宋朝叫做阇婆，元朝才叫做爪哇，佛书却又叫做鬼子国。”

史料记载，爪哇位于今印度尼西亚的东部，距中国有两千四百多里，假如从明朝的泉州路乘船，约一个月可达爪哇。中国商船贩运的大批瓷器、樟脑、香油等，必须通过爪哇，再由西洋商贾转售西方各国。因为在明初，西洋商贾欲至中国贸易，仅能达于斯里兰卡，这样，爪哇便成了中西贸易的主要周转商港。

在巩珍《西洋番国志》、马欢《瀛涯胜览》、黄省曾《西洋朝贡典录》诸书中，我们都可找到对爪哇这样的记述：中国人是爪哇伊斯兰人、土人两种人之外的第三种人。由此可以推知，当时中国人来爪哇谋生的人数是相当多的。据《殊域周咨录》记载：明初，广东、福建到爪哇经商者就有数千人。在爪哇的革儿昔，因中国海商落此达千余户，遂名“新村”，村王为广东人，而地名苏鲁马，居民千家，一半为中国人。由于中国人多跨海而来经商，故番舶咸聚，货宝俱备，居然使爪哇变成了一处商品集散地和国际贸易都市。

这么多的中国人，是如何络绎不绝地渡过一望无际的层层海浪来到爪哇的？答案只有一个，就是乘船。让我们看看明代的中

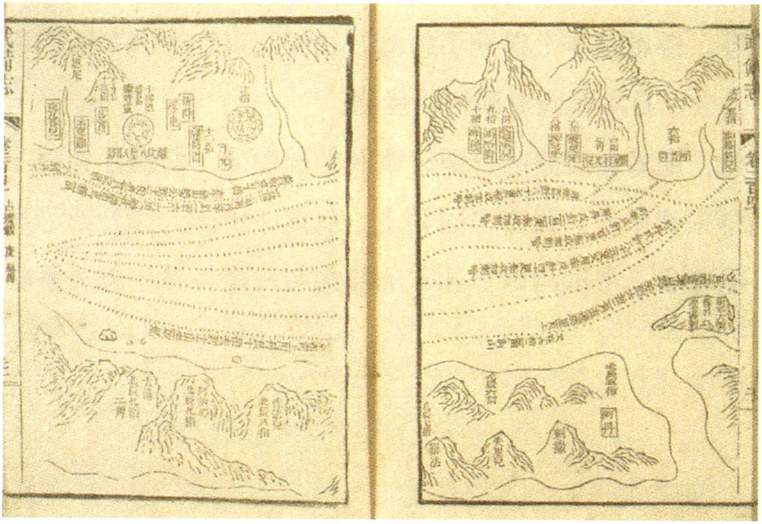

郑和航海图

清人陈璋临摹明榜葛剌进麒麟图，麒麟（长颈鹿）是郑和下西洋获得的外国“朝贡品”

国人，乘坐怎样的船走向海洋的吧——明初各地，像江苏的太仓、靖江，山东的临清、登州，广东的广州、潮州，福建的漳州、泉州，浙江的明州……都设有规模不等的船舶修造厂，其中规模最大者首推工部的南京龙江造船厂，该船厂生产组织齐全，技术力量雄厚，并能建造巨型海船。制造大型巨舰船厂的兴旺发达，显示了明代人利用船只走出国门、走向世界的迫切而强烈的愿望。

龙江船厂专为郑和下西洋建造的巨舰：“大者长四十四丈，阔十八丈；次者长三十七丈，阔十五丈。”这是谈迁在《国榷》中对下西洋船只的记录，这一记录被相当多的史籍所认同，也被现代造船史家的研究所证实。《三宝太监西洋记通俗演义》中，也记载了郑和下西洋过程中所使用的各类远洋船只，其中：宝船，九道桅杆，长四十四丈四尺，阔十八丈。战船，五道桅杆，长十八丈，阔六丈八尺。坐船，六道桅杆，长二十四丈，阔九丈四尺。马船，八道桅杆，长三十七丈，阔十五丈。粮船，七道桅杆，长二十八丈，阔十二丈。

郑和船队远洋航行所用宝船，采用侧舷弯曲、横梁宽大的技术，尽量省出甲板，扩大仓位，增加使用面积，虽然有的“宝船”的载重量竟达三千吨，但行驶起来依然十分稳重。这是因为在宝船的设计中，针对远洋航行风涛甚巨的特点，船的仓口设计成与船面平，“高不过二尺，深至船底，上下以梯”，这就使船的重心下降，航行更加平稳安全。

造船的木料也特别讲究。船的不同部位，因受力不同，选用的木材也不相同，据《天工开物》记载：桅杆，通常是用坚硬的杉木做材料，而船身的木材和防水隔板则用榆木、樟木以及来自四川的楠木，舵杆通常用榆木，舵柄用橡木，橹则常用杉木、桧木或樟木制作。

船板合缝隙，用白麻斫絮为筋，用钝凿嵌入，然后用筛过的细碳和桐油舂杵成团调舱，凝固成为优质的防水材料，以防铁锈

郑和宝船复原模型

而不会损坏到本质纤维。船上牵篷帆的绳索，“用火麻秸绹绞粗成，径寸以外者，即系万钧不绝”。系锚的缆索，“则斫析青篾为之，其篾线入釜煮熟，然后纠绞”，可谓“一线千钧”，非常牢固。

据李露华《当中国称霸海上》一书分析，明代的船只之所以能远洋破浪，除却各种材质上乘外，与船只设计的十分科学密不可分。“如 V 字形的船身、长长的龙骨和稳重的压舱底。龙骨是以铁筋将数根长木料捆束而制成。当船在狂风暴雨的天气下颠簸前进时，船首的水柜会注入部分海水，以减缓海浪猛烈的摆荡。这时，船两侧的浮锚也会放下，以增加船在狂暴大海上的稳定性。在船尾是一对用以在近海停泊的八英尺铁锚，每一个重量估计超过千磅。”

《三宝太监西洋记通俗演义》中，曾详细地记载了锻造大锚的场景，用长老的话来说："这个锚忒大了，也狼抗用不得；忒小了，也浪荡用不得。大约要分上、中、下三号，每号要细分三号。""头一号的锚要七丈三尺长的厅，要三丈二尺长齿，要八尺五寸高的环。第二号的锚，要五丈三尺长的厅，要二丈二尺长的齿，要五尺五寸高的环。第三号的锚，要四丈三尺长的厅，要一丈二尺长的齿，要三尺五寸高的环。其余的杂号，俱从这个丈尺上乘除加减便是。还要百十根棕缆，每根要吊桶样的粗笨，穿起锚的鼻头来，才归一统。"

这一番话夹杂着一些渲染色彩，却也较客观地概括出了当时远洋航船所应具备的像锚这样雄厚的"资本"。更为重要的是，在茫茫大海航行过程中，明代人积累起了丰富的航海技术知识。如在实际航行中以罗盘针指引航向，观测地标转向航驶，以更数计程、测定航速，并辅助以测探和牵星的定位方法，来提高船舶定位的精确度，等等。

又如《三宝太监西洋记通俗演义》所说的巨船上，"有三层天盘，每一层天盘里面摆着二十四名官军，日上看风看云，夜来观星观斗"。此虽小说家言，确也撷于史实，明张燮《东西洋考》中就有当时航海看天的口诀："朝看东南黑，势急午前雨；暮看西北黑，半夜看风雨。"也就是史家常说的明代人的远洋，已熟练掌握了"牵星术"：观日月出没，辨航行方向；测星斗高低，定船舶位置。

明代人还非常自如地运用季风规律，乘风航行：“风雨潮相攻，飓风难将避。初三须有飓，初四还可惧。望日二十三，飓风君可畏。七八必有风，汛头有风至。春雪百二旬，有风君须记。”《东西洋考》中，对季风认识、总结得相当准确。郑和七次下西洋，起程总是选择冬季和春初的东北风季节，而回国总是选择夏季和秋初的西南风季节，就是得力于明代人对季风规律的科学把握。

而且，由于一次又一次的远洋航行，明代人逐渐摸索出了远洋航行安全、固定的航线。如从福建到爪哇就是其中一条，《两种海道针经》中，对此有详细的记载：

浯屿开船，照前使取外罗山外过，用丙午针七更船取羊屿。用丙午针五更船平大佛山。用丙午针十三更船取东西董山。用丙午十五更，用单午三十更取东蛇龙山，远过打水四十托，低不见蛇龙山，只是蜈蜞屿生得平平，近看坤身相连。蜈蜞屿若见门向东南都是坤身相连若见。用单巳针四更船使过东蛇龙山，北边有三个小屿，内有大山，一个是大龟山，东南大山是铜鼓山。入门打水十五托，近看是坤身，门中二边都是小屿平平，号名沙湖屿，使往东边过。用单丁七更船平大山尾，有一大屿有一个小屿，生门在外过，西边正路。用丁午四更船平鸡笼屿，四边低长，北边拖尾门中有小屿一个，西边正路。丁午针十更平交兰山，见东边高大，北边有一个小屿，西边过船是正路。出门莫得东边有浅。用单午针三十更取吉里闷。用单五针五更取胡椒山。沿山使用丙午及巽巳针十更船取杜板山，即是爪哇也。

先进的航海技术，使远洋爪哇甚至可以更远，成了明代社会生活中的重要一幕。

相关文献

李昭祥《龙江船厂志》，江苏古籍出版社，1999 年。

茅元仪《郑和航海图》，中华书局，2000 年。

妇女的行游

只说柴米油盐、鸡鸭鱼肉诸般食用之类，那一件不贱，假如数口之家，每日大鱼大肉，所费不过二三钱，这是极算丰富的了。还有那小户人家，肩挑步担的，每日赚得二三十文，就可过得一日了，到晚还要吃些酒，醉醺醺说笑话，唱吴歌，听说书，冬天烘火夏乘凉，百顽耍。那时节大家小户好不快活，南北两京十三省皆然。

这是明代江左樵子《樵史通俗演义》中对明初日常生活情形的一段叙说。尽管出于小说家之口，但考之历史，大体上是符合明初社会生活实际的。由于生活富裕，人们的闲暇时间逐渐多了起来，一向为贵族士大夫阶层所垄断的游山玩水之旅，逐渐为社会中下层所喜好。

当时，无论是城市的市民还是乡村的居民，都有能力外出游玩，以至以他们为主流的“出游”，成为明代社会的一大景观。其中较为引人注目的，是妇女的出行。

一般来讲，明代妇女出行的目的，主要还是进香还愿，所以进香还愿之类的出行，是她们生活中一桩极其神圣的大事情。《醒世姻缘传》第六十八回所说的去泰安州烧香的素姐，就是“五鼓”时分就起来“梳洗完备，穿了一件白丝绸小褂，一件水红绫小夹袄，一件天蓝绫机小绸衫，白秋罗素裙，白洒线秋罗膝裤，大红连面的缎子�鞋，脊梁背着蓝丝绸汗巾包的香，头上顶着甲马，必欲骑着社里雇的长驴”，这才正式上路。而一旦上路长行，女性的弱点就显现出来了：

一群婆娘，豺狗阵一般，把那驴子乱窜乱跑。有时你前我后，有时你后我前。有的在驴子上抱着孩子；有的在驴子上墩吊鬏髻；有的偏了鞍子坠下驴来；有的跑了头口乔声怪气地叫唤；有的走不上几里说肚腹不大调和，要下驴来寻空地屙屎；有的说身上不便，要从被套内寻布子夹屄；有的要叫孩儿吃乳，叫掌鞭来牵着缰绳；有的说麻木了腿骨，叫人从凳里与她取出脚去；有的掉了丁香，叫人沿地找寻；有的忘了梳匣，叫人回家去取；跐蹬的尘土扛天，臊气满地。这是起身光景，已是大不堪观。

话语中虽透着作家对女性“出游”的嘲讽与鄙视，但在这样的描写中，仍掩不住平素不轻易出门的女性们极其踊跃地踏上出游跋涉之路的欢快心情。以至著名的汉学家卜正民（Timothy Brook）也特别欣赏这段生动的描写，将它作为明代妇女出行的典型事例写入他那本在国际汉学界颇负盛名的《纵乐的困惑》著作里。

南方出行进香还愿的女性队伍则更感壮观，张岱在《西湖香市》中叙述进香的“数百十万男男女女老老少少”，一个个“如逃如逐，如奔如追，撩扑不开，牵挽不住”。尤其是女性，被张岱形容为“村妆野妇之乔画”，据相关的笔记小说记载印证：这些来西湖进香的女性，多为嘉兴、湖州以至于苏南一带乡下的妇女，在每年春、夏之际，成群结队步行，来到杭州西湖上的各处寺院拜佛烧香、许愿还愿，人数众多。如张岱记昭庆寺香市时所说“香客及乡村妇女儿童”，声音嘈杂，以致人舌敝耳聋。

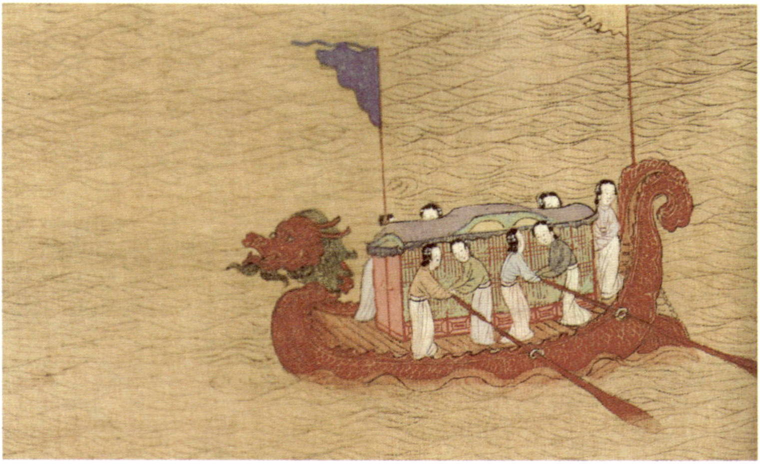

仇英《仿清明上河图》中的妇女划船出游

妇女进香是为了祈免灾咎，但其过程却要依靠步行来完成，其中就逐渐形成了一种极有意义的寄寓。北京地区妇女的此类出行具有典型意义：每年的正月十六日夜，成千上万的妇女都要外出“走百病”，她们往往前一人持香辟人，凡有桥处，相扶而过，《帝京景物略》中将这种做法称为“无腰腿诸疾”“度厄”。当时的吏部尚书周用曾作诗，对这一出行习俗大加肯定、赞扬：

都市灯市由来盛，大家小家同节令。
诸姨新妇及小姑，相约梳妆走百病。
俗言此夜鬼穴空，百病尽归尘土中。
不然今年且多病，臂枯眼暗兼头风。

据《北京岁华记》等书记载：明时北京妇女，于元夜竞往前门“摸钉为戏”，以求生男。这实际也是“走百病”的一种变异，其中寄寓着妇女祈求免灾除咎的美好心愿。所以，周用的诗中就用了这样的句子：“谁家老妇不出门，折足蹒跚曲房里。今年走健如去年，更乞明年天有缘。”“去年同伴今希有，几人可卜明年走”。

周用的诗意很明确，只有走才能去百病，才能使百病在疾走即运动过程中化入尘埃。这一浪漫思想，等于变相助推妇女必须出行运动，以强身健体。从社会意义上去理解，这是对明代妇女的一种“解放”。同时，妇女出行，似乎还有另一层面的含义，那就是“走百病”也是妇女借出游而进行的一次集中的服饰展示和比美竞赛。袁于令的《隋史遗文》中，就极其细致地描述了这一景象：

有衣服首饰的，妆扮出来卖俏；没有的，东央西借，要出来走桥步月。张家妹子搭了李店姨婆，赵氏亲娘约了钱铺妈妈，嘻嘻哈哈，如痴似醉，郁捺不住。若是丈夫少有趑趄、阻挡一句，先要变起脸嘴，骂一个头臭，到底邻舍亲眷，走来打合，原要出去一遭。也有丈夫父兄肯助兴的，还要携男挈女，跟随在后，大呼小叫，摇摆装腔，扬扬得意。正是：

谁家见月能闲坐

何处闻灯不看来

就是妇女也不同：有一种不在行的妇女，涂脂抹粉，红裙绿袄，打着偏袖，扭着屁股，努着嘴唇，眇着眼睛，趑头趑脑，惹人批点。但凡那在行的妇女，浅装淡服，不施脂粉，潇洒轻盈，不烦做作，斜行侧立，随处有天然波俏，巧言倩笑，动辄有实地风流。那种妇人，又忒煞惹人歆羡。

倘若将这一段文字与《金瓶梅词话》第二十四回的有关描写相联系，我们得到的这个印象会更完整生动：西门庆家的“三个妇人，带领着一簇男女”，外出行游，宋惠莲央求陈经济“略等等”她，陈经济马上要走，惹得惠莲道：“你不等，我就是恼你一生。”“走百病”在人心中何等重要，可见一斑。惠莲“换了一套绿闪红缎子对衿袄儿，白挑线裙子，又用一方红销金汗巾子搭着头，额角上贴着飞金并面花儿，金灯笼坠子”，才出来跟着众人走。

众妇女们，“月色之下，恍若仙娥，都是白绫袄儿，遍地金比甲，头上珠翠堆满，粉面朱唇”。这与《帝京景物略》所记的“妇女着白绫衫，队而宵行”，同出一辙。“白绫袄”已成妇女“走百病”时独特的服饰习俗，堪称为一场明代妇女的“时装表演秀”。这也就是《金瓶梅词话》中，之所以将“走百病”称之为“走百媚儿”的原因。

由于妇女以优雅的风姿，积极地参与，因而使出行游走更显高潮迭现。据《辛斋诗话》记载：万历年间的北京西山戒坛寺四月之游，主要参与者也是妇女，以至“钿车不绝，茶棚酒肆接于路”。《宛署杂记》则记载，四月八日，北京高梁桥碧霞元君庙，俗传是日神降，妇女倾城出行往乞灵祈生子，引动得西湖、玉泉、碧云、香山游人相接。旁边有一地名秋坡，京中的妓女也纷纷竞往，俗云“赶秋坡”。

这些史实表明，明代妇女越来越在外出行游活动中充当了不可或缺的重要角色。在各地的季节性行游活动中，如“扬州清明”、杭州的“西湖春”、南京的“秦淮夏”、苏州的“虎丘秋”，都活跃着妇女步履匆匆的身影。即使在山水景色弱于江南的山东，也是如此。《金瓶梅词话》第八十九回这样描写清明：“只见那郊原野旷，景物芳菲，花红柳绿，仕女游人不断。”

据史载，明代山东临清最繁华时，人口也就十五万之多。可

仇英《仿清明上河图》局部，在篱笆后伸颈观剧急望出游的妇女

一个十余万人的城镇，“妇女行走出游”达到了非常时髦的程度，已和那种以登山涉水、观光览胜为目标的士大夫式的出行游玩有所不同。这是一种以普通百姓为主体的，以增强体魄、舒畅心情为主要理念的群众性的社会活动，反映了明代妇女的行游活动，已渐渐地成为一种社会的共同追求和生活方式。

相关文献

于敏中《日下旧闻考·风俗》，北京古籍出版社，1985 年。

抱瓮老人辑《今古奇观》，人民文学出版社，1957 年。

再版后记

拙作自2012年于中华书局出版，今已八年，又得以再版，使我又一次扬起用小说等材料与历史互证的风帆，驶入明代日常衣食住行的大洋，笔者为能够获得读者再次检验的机缘而喜悦。

因为长期以来，我们的社会科学研究的走针，大多时间都是指向政治、经济、思想等重大领域，而现在这种态势已有所改变，为数不少的学者开始在做一些逾越过去的研究尺度的跨学科的实证性探索研究，笔者的《明代社会日常生活》就是在这样的学术背景下产生的一个结果。

我的研究使我认为，小说戏曲、谣言俚语乃至王婆说媒、货郎走贩、兄弟契约、里巷斗架……其生动性、真实性均不输于正史或可说在某一方面胜过正史，又可以“补白”正史。只是需要我们耐心去寻，锐意穷搜，拼凑分析，由表及里，去杂取精，下一番苦功夫，就不难得到经得起推敲的历史事实了。

为了使所研究的人和物具备“新鲜感”，笔者对拙作第一版的图片，进行了几近全换的调整，从而可视拙作为另一本新书，这需向拥有丰富图片资源的学者及著作致谢。他们，如扬之水先生的《奢华之色》，高居翰、黄晓、刘珊珊诸先生的《不朽的林泉》，如此等等，不一一列名了。

小说戏曲与历史互证，虽前途广阔，但尚有不完善之处。我更钟情于这样的话：“诗家清景在新春，绿柳才黄半未匀。”作为一门学问，还有许多景象去收览去整理，这是基础的基础研究，我将紧步那些在这方面已成绩斐然的朴学大师的足迹，在这条路上继续“开拔”……

伊永文　2020，春，写于疫情哈尔滨

初版后记

文学常常是与日常的衣食住行密不可分的，这主要是因为文学有着记录生活的“功能”，比如，已逝去的古代社会生活，具体而言明代的衣食住行，我们就可以从文学作品中找到某些踪影。

冯梦龙《山歌》的传唱，不仅可以加深人们对鞋的喜爱，而且分明从中可觅到鞋靴演变的轨迹。明代传奇中华丽铺排的珍馐百味、美禄千钟的宫廷盛宴，无疑给我们提供了一个观察明代奢侈饮食的别致视角。而《金瓶梅词话》中的妇女，身着时髦艳装抛头露面上街行走的“走百媚儿”，形象生动之极，又可与明代北京地区妇女“走百病”的出游互相验证。

本书就在这样的明代文学即主要是小说与戏曲的市民文学的描写中，寻找出经得起推敲的衣食住行的材料，并与历史记载互相印证，以勾画出明代百姓主要是市民阶层日常生活的大致面貌，也是为自己正在进行中的宋、元、明城市市民阶层日常生活与文学的研究做“打通”的尝试，以求闯出一条文学文献学的路子来。

本书二十八篇短文，正是基于此而做的微观努力。每篇文字之后均附相关文献，意在文中未尽之意希以这些书予以弥补。倘若条件允许，将参考书与正文合读，可对明代衣食住行获得更加细致、广阔的印象，希望读者能够会意鉴赏。

本书采用的图片，主要来源于《中国美术全集·明代绘画》（上、中、下），王正书《明清家具鉴定》（上海书店出版社版），湖南美术出版社《海外藏中国历代名画·明代卷》（上、下），上海学林出版社与三联书店（香港）有限公司联合出版的周汛、高春明《中国历代妇女妆饰》，王冠倬编著《中国古船图谱》等。另及零散的然而又大量的明代彩色图画资料，如台湾《故宫文物月刊》之类，等等，谨致谢忱。

本书历时两年方成初稿，资料搜集（含图片）颇费周折，感谢给予笔者帮助的哈尔滨市图书馆的金朝阳、迟丽波诸同志，并借此向耐心的李世文先生表示敬意。

伊永文　2012年于黑龙江大学文学院

古代戏曲与宋金文化研究中心

图书在版编目（CIP）数据

明代社会日常生活 / 伊永文著. -- 北京：中国工人出版社，2020.7
ISBN 978-7-5008-7434-8

Ⅰ.①明… Ⅱ.①伊… Ⅲ.①社会生活—历史—中国—明代 Ⅳ.①D691.9

中国版本图书馆CIP数据核字（2020）第098284号

明代社会日常生活

出 版 人 王娇萍
责任编辑 傅 娉
责任印制 黄 丽
出版发行 中国工人出版社
地　　址 北京市东城区鼓楼外大街45号 邮编：100120
网　　址 http://www.wp-china.com
电　　话 （010）62005043（总编室）
（010）62005039（印制管理中心）
（010）62379038（社科文艺分社）
发行热线 （010）62005996 （010）82029051
经　　销 各地书店
印　　刷 三河市东方印刷有限公司
开　　本 880毫米×1230毫米 1/32
印　　张 9.25
字　　数 190千字
版　　次 2020年9月第1版 2023年7月第4次印刷
定　　价 68.00元